U0801387

# 大国匠心

——赵仁恺传

郭 勇　王 朋　马 娜◎著

中国原子能出版社

**图书在版编目(CIP)数据**

大国匠心：赵仁恺传 / 郭勇，王朋，马娜著.
—北京：中国原子能出版社，2017.7
ISBN 978-7-5022-8245-5

Ⅰ.①大… Ⅱ.①郭… ②王… ③马… Ⅲ.①赵仁恺
(1923—2010)—传记 Ⅳ.①K826.16

中国版本图书馆 CIP 数据核字(2017)第158073号

**大国匠心——赵仁恺传**

---

**总 编 辑** 李 涛
**出版发行** 中国原子能出版社(北京市海淀区阜成路 43 号 100048)
**责任编辑** 王 朋
**责任校对** 冯莲凤
**责任印制** 潘玉玲
**装帧设计** 赵 杰
**印　　刷** 保定市中画美凯印刷有限公司
**经　　销** 全国新华书店
**开　　本** 787 mm×1092 mm 1/16
**印　　张** 16.875 **字 数** 170 千字
**版　　次** 2017 年 7 月第 1 版 2017 年 7 月第 1 次印刷
**书　　号** ISBN 978-7-5022-8245-5 **定 价** **88.00 元**

---

**网址：http://www.aep.com.cn** **E-mail:atomep123@126.com**
**发行电话：010-68452845**
**版权所有 侵权必究**

谨以此书

献给两院院士赵仁恺！

献给为中国核动力事业默默奉献的无名英雄们！

献给为中国核动力事业发展而奋斗的后来人！

中国核动力研究设计院

院　　长：

党委书记：

二〇一七年七月

核动力装置，是国之重器核潜艇的心脏；
很幸运，我国核潜艇没有患上“心脏病”；
之所以如此，要特别感谢一个人，
他就是赵仁恺。
他出身于知识分子家庭，幼年丧父，童年便几经生死考验。
他天资聪颖，连中两所名校，最终在国立中央大学学有所成。
他从永利宁出发，一步一个脚印，成为一名优秀的工程师。
在新中国成立之初，他就光荣地成为一名中共党员。
核工业创立后，毛主席发出号召，他积极响应，
从重水堆，到生产堆，再到绝密任务核潜艇。
他用两年时间组织完成了我国第一份核动力装置初步设计草案；
他率先提出了建设陆上模式堆。
核潜艇下马后，他参与领导了第一座军用生产堆设计。
核潜艇上马后，作为技术负责人之一，他鞠躬尽瘁再创历史。
在他的指挥下，中国实现了第一次利用核能发电，
中国第一座陆上模式堆完成了退役。
他多次参加核潜艇试验，被称为核潜艇守护神。
他坚守核动力阵地，保存并发展了核动力设计能力。
他积极为核能利用奔走呼吁，用尽最后一份力量。
他待人真诚，给人以无尽的温暖和鼓励。
他无心争名逐利，却荣膺两院院士。
斯人已去，精神永存！

“一天深夜，我们核潜艇在海南岛以南海域巡航，我坐在核潜艇的舰桥顶上，舷外浪花飞溅，海风拂面。我抬头遥望北方，祖国大地笼罩在夜色蒙蒙中。想此时，辛劳了一天的祖国人民，为了迎接更加美好的明天，正在幸福中安心休息；嬉戏困累了的幼儿，正在母亲温暖的怀抱中甜甜地睡去——祖国一片宁静安祥。心中不由得浮起：祝福您，我的祖国！我们的核潜艇正在保卫您，正在保卫祖国的繁荣富强和人民的幸福安康！为了您，我们愿意付出一切，再苦、再累、也值得！”

——赵仁恺

中国科学院院士标准照

1996 年，江泽民与赵仁恺在人民大会堂

1996 年，刘华清与赵仁恺在人民大会堂

20 世纪 80 年代，赵仁恺陪同曹刚川调研

20 世纪 90 年代，赵仁恺就 863 项目向宋健汇报

2004 年，赵仁恺与朱光亚参加会议

2000 年，赵仁恺与 21 基地司令员钱绍钧一起调研

1979 年，（自左至右）赵仁恺、孙训芳、张维、王承书、王淦昌、钱令希在成都参加会议

2000 年，赵仁恺（左）与何泽慧（中）、彭桓武（右）参加会议

1988 年，赵仁恺（左）与彭士禄（中）、
黄旭华（右）参加核潜艇试验

20 世纪 80 年代，赵仁恺（右）与黄纬禄（中）、
黄旭华（左）

20 世纪 80 年代，赵仁恺（右一）与姜圣阶访问核电厂

20 世纪 90 年代，赵仁恺（左二）与张沛霖（左三）、汪德熙（右一）等参加国际会议

20 世纪初，赵仁恺与阮可强在秦山
二期核电厂建设现场

2000 年，赵仁恺与周永茂参加国际会议

1963 年，赵仁恺（左二）与孟戈非（左三）

在英国伦敦马克思墓前

1989 年，赵仁恺（第二排左三）参加第一届

海军核安全专家委员会会议

1994 年，赵仁恺被聘为海军第二届
核安全专家委员会主任

2005 年，赵仁恺（前排左六）参加海军第五届
核安全专家委员会会议

1991 年，赵仁恺（前排右五）参加

海军核安全法规审查会议

1993 年，赵仁恺在美国参观调研

20 世纪 90 年代，赵仁恺等在天安门城楼

1996 年，赵仁恺参观电子束焊机

20 世纪 80 年代，赵仁恺在纽约

20 世纪 90 年代，赵仁恺在韩国发表演讲

20 世纪 90 年代，赵仁恺在俄罗斯

20 世纪 90 年代，赵仁恺担任“863”

首席科学家时参观展览

1999 年，赵仁恺参加江苏核电开工仪式

20 世纪 90 年代，赵仁恺在翻阅资料

2000 年，赵仁恺与夫人杨静溶

2006 年，赵仁恺与夫人杨静溶

1988 年，赵仁恺与孙子、孙女

2006 年，赵仁恺全家福

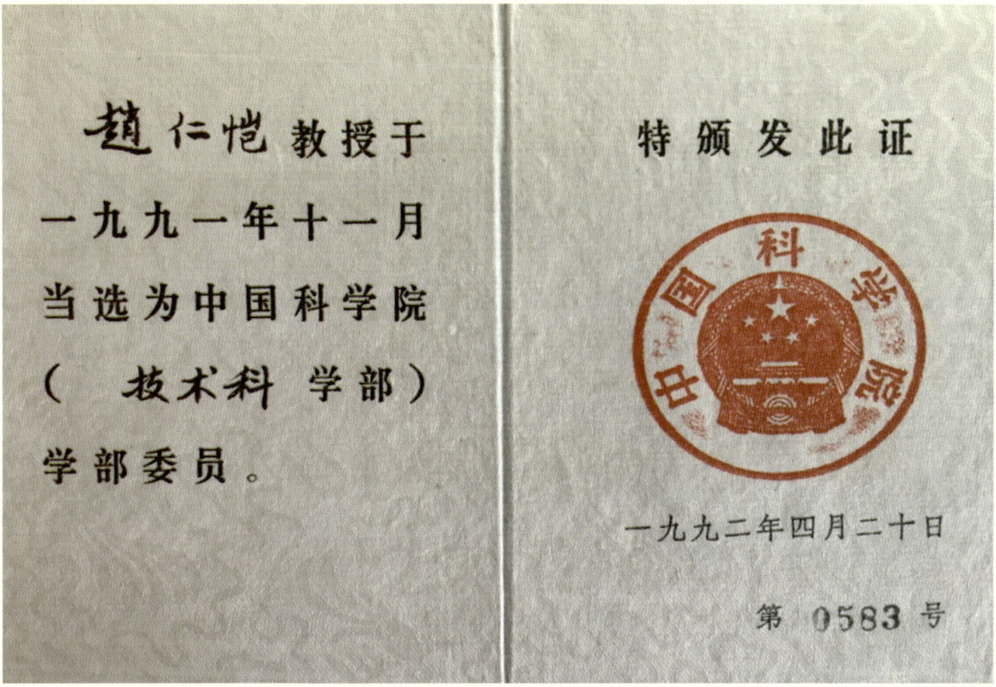
赵仁恺教授于
一九九一年十一月
当选为中国科学院
（ 技术科 学部）
学部委员。

特颁发此证

中国科学院

一九九二年四月二十日

第 0583 号

中国科学院院士证书

中国工程院院士，是国家设立的工程技术方面的最高学术称号，为终身荣誉。
赵仁恺 于一九九四年五月选聘为中国工程院首批院士。
特颁此证
编号：(1994)0068

中国工程院院士证书

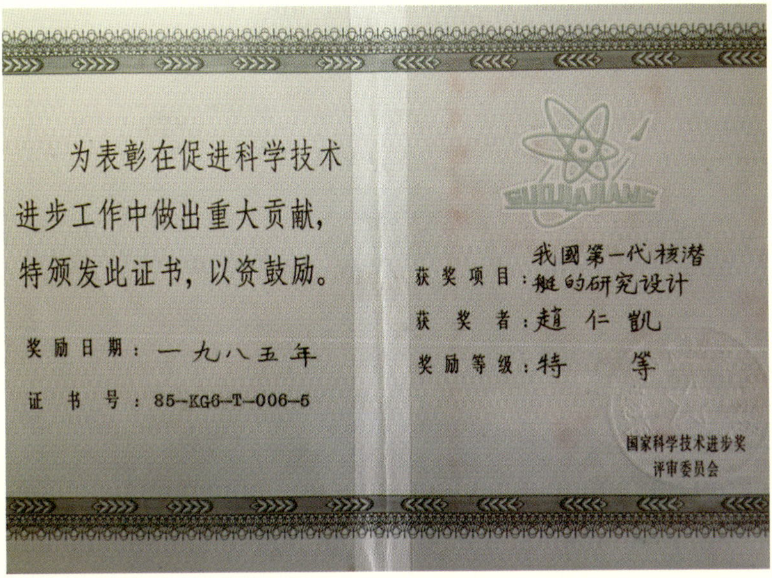


国家科技进步特等奖证书

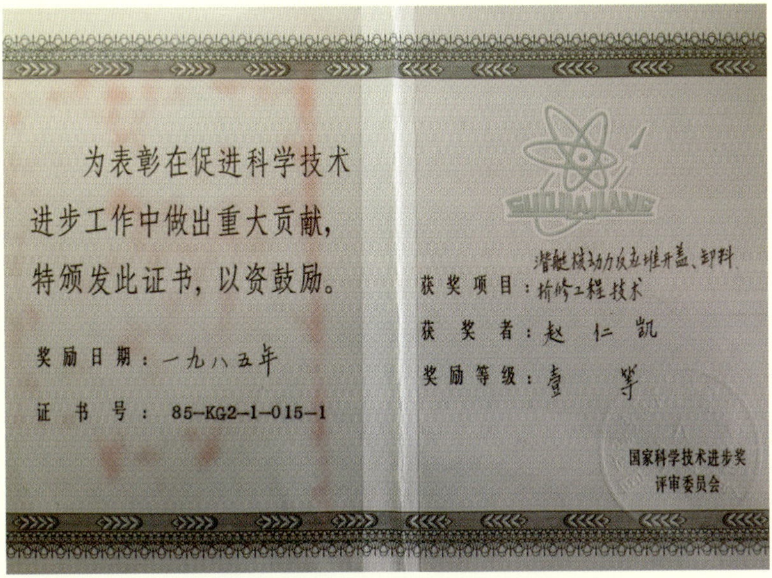


国家科技进步一等奖证书

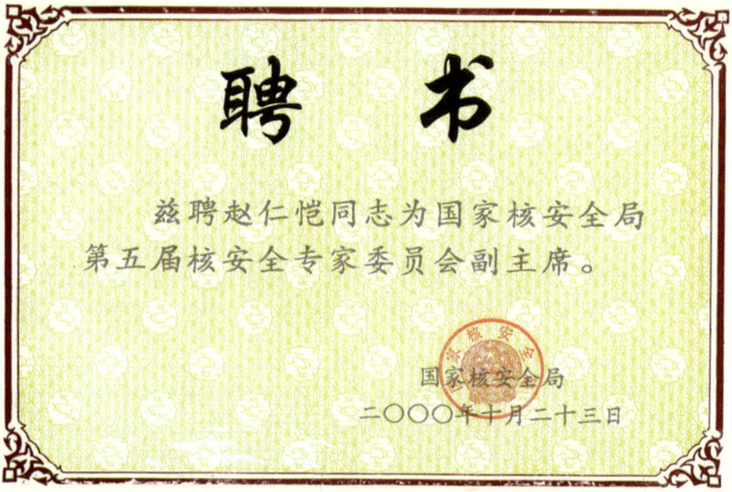

聘书

兹聘赵仁恺同志为国家核安全局第五届核安全专家委员会副主席。

国家核安全局

二〇〇〇年十月二十三日

国家核安全局第五届核安全专家委员会聘书

2003 年，赵仁恺 80 周岁生日留念

# 序

今年 4 月 24 日，中国自主研发的第一艘核潜艇向公众开放，听到这个消息，我倍感振奋，这艘载满了无数人期待和希望的核潜艇终于完成了它的历史使命，继续以另一种方式发挥作用了。

自 20 世纪 60 年代起，我与核潜艇事业结缘，并伴随了我的一生。在参与核潜艇的设计、建造、安装、试验过程中，有两个人影响了我的人生，其中一个就是赵仁恺。

赵仁恺出生于 20 世纪 20 年代，一生坎坷。他幼年丧父，母亲一个人含辛茹苦地抚养了他们兄弟姐妹 6 人。少年时，他经历了九死一生的逃难。在战乱中，他寒窗苦读，考取了国立中央大学。毕业后，他在永利宁厂工作了 9 年，逐步成长为一名优秀的工程师。1956 年他被抽调建设核工业，先后参加了重水堆和生产堆的设计工作。1958 年起，他开始具体负责潜艇核动力研究设计组的工作，带领原子能研究所第十二室第五组完成了首份潜艇核动力装置初步设计草案。核潜艇工程下马后，他参与了某军用生产堆的设计工作。核潜艇再度上马后，他参与领导了陆上模式堆的设计、建造、安装、试验等工作。机构调整改革后，他继续领导核动力的相关研究工作，为我国核动力事业的发展做出了贡献。此后，他参加了多次核潜艇的试验工作，为核潜艇事业发展贡献了智慧和力量。

我曾经与赵仁恺共事十余年，在他的领导下工作。至今我还记得，在核潜艇研制的关键时刻，核燃料已经装在厂房内平台上的一个吊篮里，准备往反应堆里装。就在这一刻，厂房顶部一支冷却水管坏了，不断喷水。如果水喷到装有核燃料元件的吊篮里，后果不堪设想。这个时候，年近 50 岁的赵总不顾个人安危，飞快地往脚手架上爬，他爬到厂房最高处的吊车轨道上，将管子修好，及时排除了险情。这种在危难时刻冲在前面的大无畏精神，影响了我的一生。

除此之外，赵总对核动力的满腔热忱、对事业的无私奉献、对后辈的关爱呵护、对自己的严格要求，还影响、感染了很多与他一起共事过的人。尽管赵总已经离开我们七年有余，但每次想起他，我都感到有一种力量在激励着我，鼓励我们继续他未竟的事业。

这本书记录了赵总曲折的人生经历，展现了他为核潜艇事业和核动力事业做出的贡献，还展示了赵总平易近人、质朴童真的一面。感谢本书的作者，能够把这样一位为人低调的科学家介绍给更多人，让大家有机会了解并感受老一辈科学家的赤胆忠心、奉献精神、科学态度和处世哲学。希望有更多的人从赵总身上汲取营养，在自己所从事的事业中发现价值、做出成绩，在自己的岗位上为国家富强和民族复兴做出自己的贡献。

中 国 工 程 院 院 士
中国核潜艇第三任总设计师

2017 年 7 月

# 目　录

## 第一章　南京城里的童年



## 第二章　异乡逃难的少年



## 第三章　发奋读书的学子



## 第四章　在永利宁厂的日子

# 第一章　南京城里的童年

南京是一个非常儒雅的城市，历史悠久，号称六代古都、十朝都会，然而它并不像别的古都，把历史浓缩到宫殿中，而是把历史很自然地溶解于每一条街道、每一座建筑。无论是玄武湖边的古城墙、明故宫的遗址、鸡鸣寺的钟声，还是秦淮河的涓涓流水，明孝陵的石人石马、夫子庙的商贾店铺，都是中国文人寄情山水和畅游历史的绝好选择，也孕育了无数的文人墨客，名流大家。本书的主人公赵仁恺，就出生于此，并在这里度过了终身难忘的童年时光。

## （一）出生于赵家大院

1923 年是中华民国十二年，这一年，孙中山先生夺回广州并成立大元帅府，震惊中外的京汉铁路工人大罢工掀起并被镇压，中国共产党召开了第三次代表大会，毛泽东在湖南创办了《新时代》月刊。

这一年的 2 月 16 日，在江苏省南京城里一个姓赵的大户人家，产房内正忙忙碌碌地为一名叫做何敏贞的孕妇接生，全家人都在产房外焦急地等待着。一个婴儿呱呱坠地，产房里传出喜讯——“是个男孩!”已经有三个女孩的赵家立刻沸腾了。当时虽然已经是民国，但是人们的封建思想仍然根深蒂固，只有男人才能继承家业和社会地位，家有男丁不仅意味着家族的延续，更代表这个小家庭有资格继承赵氏家族的家业和社会地位，光耀门楣。

父亲赵镜泉为这个被一家人寄予厚望的男孩取名赵仁恺。“仁”字是孔子儒家思想的最高道德标准和道德境界，代表了父亲对他的深切期望。“恺”字指欢乐，希望他能快乐地度过一生。彼时，父亲赵镜泉就读于北平高等警官学校（该校后并入黄埔军校），英姿勃发，踌躇满志。孩子的母亲何敏贞知书达理，安守本分，相夫教子，一家人的小日子过得富足祥和。之后的两年，何敏贞又陆续生下一女一子，这个人丁兴旺的小家庭对未来充满了希望。赵仁恺作为家里的第

一个男孩子，更是集全家宠爱于一身。

## （二）幼年丧父

1926年冬，赵镜泉从北平高等警官学校毕业回家，与妻子、孩子团聚。天有不测风云，正当这个小家庭的欢乐时光刚刚开始，赵镜泉就意外身染重病，多方医治无效，最终于1926年12月26日撒手人寰，留下时年仅有26岁的妻子和六个孩子。

这时，赵仁恺才三岁多。他刚刚懂得“死亡”这个词是什么意思，就要面临骨肉至亲的死亡。看着躺在棺椁中的父亲，小小的赵仁恺又伤心，又不解，父亲那么高大英武、精力充沛，经常把小小的赵仁恺高举过头顶玩耍，为何就这么匆忙地离开了他呢？

屋破偏逢连阴雨，赵镜泉去世不久，就在这个残缺的小家庭最需要关爱和帮扶时，赵家没有伸出援助之手，反而借故绝情地将何敏贞和六个孩子扫地出门。因为赵镜泉的母亲认为，何敏贞年轻，将来能否安心在赵家守寡不得而知，6个孩子都还年幼，继续养育势必给家庭造成拖累，所以一定要尽早甩掉这个累赘。此时，何敏贞怀里最小的孩子才刚出生不久。一个在家相夫教子、与世无争的女子，如何面对这接踵而至的打击？

父亲的离世、族亲的冷酷无情，给赵仁恺的未来蒙上了浓重的阴影。但不幸中的万幸是，他有一个坚强而勇敢的母亲。为了这六个孩子，倔强的何敏贞擦干眼泪，几经波折、据理力争，终于从家族争取到了一个小旅馆的经营权，为养活孩子们保留了一条生存之路。

图 1-1　赵仁恺的父亲赵镜泉

图 1-2　年幼的赵仁恺（中）与母亲和姐姐

## （三）被寄予厚望的长子

20 世纪二三十年代的中国，正处于军阀混战、纷争不断的黑暗时期，社会动荡，民不聊生，南京虽然是古都，也未能逃脱衰败的社会现实。小旅馆的生意越来越不景气，赵仁恺一家的生活越来越困难。尽管如此，在赵家饱受文化熏陶的何敏贞仍坚信“万般皆

下品，唯有读书高”，无论受尽多少苦难，都要把子女培养成才。对于家里的大儿子赵仁恺，何敏贞自然最为看重，寄予厚望。

可是赵仁恺生性活泼、精力充沛、好奇心重，非常顽皮。他经常趁母亲不注意跑出去玩，一个人在南京城里“探秘”，打一枪换一个地方，经常玩消失，不是到江里去游泳，就是去钻桥洞。孩子的眼里永远只看到好玩，看不到危险，几次惊险的经历之后，母亲大伤脑筋，如何把这小家伙带好呢？思来想去，何敏贞下决心要让赵仁恺尽早入学堂，把精力都用在学业上。

何敏贞精打细算、节衣缩食，1929 年 9 月，她终于把贪玩却天资聪颖的赵仁恺送进了小有名气的南京实验小学（即现在的南京师范大学附属小学）。这个学校位于南京城里鸡鸣寺旁，北极阁下，是 1902 年两广总督张之洞创办的，最初称为三江师范学堂附属小学。这里校风严谨笃实，不仅教学生识文断字，还传授数学、物理等近现代科学知识，是一所对中国的现代初等教育具有历史性意义的学校。为了能让赵仁恺进这所学校读书，母亲真是绞尽了脑汁，托关系，找熟人，方才如愿。

知识为赵仁恺打开了一扇神奇的大门，他如饥似渴地学习，还跟着姐姐读起了《水浒》《三国演义》《西游记》等中国古典名著。为了使赵仁恺更好地学习中国的传统文化，成为品学兼优的有用之才，何敏贞让赵仁恺每天放学后到私塾学习。在私塾，赵仁恺先后学习了《论语》《孟子》《大学》《中庸》等经典古文。尽管懵懵懂懂，但受古典国学的熏陶与滋养，他幼小的心灵里还是刻下了立身为公、立德为民的思想烙印。

图 1-3　在南京读小学时的赵仁恺

穷人的孩子早当家，作为家中的长子，赵仁恺把母亲的辛苦操劳看在眼里，深知读书机会来之不易。他刻苦读书，立志要通过个人的努力改变一家的境遇。在南京钟英中学初一就读时，他开始崭露头角，成绩名列前茅，数学成绩更是一骑绝尘，遥遥领先，加上他的忠厚与聪慧，赵仁恺深得师长与母亲的疼爱。

赵仁恺所在的钟英中学（现称南京市第三初级中

学）建于1889年，校名意为“钟阜育英才”，亦有钟山之英、钟灵毓秀的意思。它是南京历史上第一个完全由南京人筹资开办而不受外国势力扶持的私立学校。学校设有多门学科，名气传遍苏、浙、皖。民国时期，许多知名学者，如卢前、唐圭璋、赵元任等，都曾经在钟英中学任教。学校的理化仪器、生物显微镜架数居全南京之首，数学成绩也一直在南京市名列前茅。1937年全市中学毕业会考时，钟英中学居全市第一名。当时南京城里有“数学精，进钟英”的说法。少年赵仁恺正是在这里喜欢上了数学，并且成绩优异，为他以后从事各种复杂的科研工程打下坚实的基础。

### （四）14岁告别南京城

父亲去世后的十年间，母亲何敏贞依靠小旅馆含辛茹苦养育着六个孩子，一心渴望着孩子们能早日平安长大，成家立业。然而，国家的苦难日趋加深，每一个小家都难逃动荡的命运。军阀混战尚未结束，日本帝国主义便悍然发动了全面侵华战争。1937年7月7日，日本帝国主义发动卢沟桥事变，揭开了全面侵华的序幕。1937年11月，上海沦陷。作为国民政府的首都，南京与上海仅有300千米之遥，日军来犯，南京危在旦夕。

在上海沦陷前夕，为了避免受到轰炸，南京城内已实行灯火管制，市场停市，家家关门闭户。后来，

民间有传言，日军攻城掠地后灭绝人寰、大肆屠杀手无寸铁的平民百姓。老百姓为了求生，纷纷开始逃离南京，甚至连国民党的军警也开始撤退，城内陷入无政府状态。

走还是留？母亲何敏贞犹豫再三。如果离开南京，失去了小旅馆这个唯一的收入来源，一个弱女子流亡他乡，如何养活这六个孩子？可是，如果留在南京，将来日军一旦攻破城门，全家人就将面临性命之忧，如何向赵仁恺故去的父亲交代！考虑再三，何敏贞还是决定带着孩子们离开南京。留得青山在，不愁没柴烧，眼下最要紧的是保全骨血。自此，赵仁恺一家开始了背井离乡、颠沛流离的逃难生活。这一年，赵仁恺 14 岁，童年就此结束。

后来的事实证明，母亲做了一个多么正确的决定。1937 年 12 月，日军攻占南京之后，在南京实施了为期六周多的大屠杀，犯下了滔天罪行。大量平民及战俘被杀害，无数家庭支离破碎，南京城内遇难人数超过 30 万。如果当初母亲选择留在南京，全家人的安危真是不堪设想。

赵仁恺一生都难以忘记，1937 年初冬的一个早上，在瑟瑟的寒风里，身单力薄、举目无亲的母亲，带着六个未成年的孩子匆匆离开生活了几十年的南京城，在兵荒马乱中逃亡。他们没有时间与这个熟悉的地方告别，不知道何时能回来，甚至不知道逃亡的目的地是哪里。他们的命运将如何呢？

# 第二章　异乡逃难的少年

离开家乡后，赵仁恺全家一路向西，经过安徽、湖北，最终到达四川江津，历时将近一年。狂轰滥炸的敌人、饥寒交迫的窘境、险失亲人的焦虑、如影随形的死亡、翻山越岭的劳苦等等，都使赵仁恺一下子从一个不经世事的孩子成长为忧国忧民的少年。

## （一）辗转武汉

从南京离开后，母亲带着六个孩子逃难的第一站，是安徽省当涂县。刚落下脚没几天，随着战火的蔓延，当涂也不安全了，他们又辗转蚌埠、徐州等地。在逃亡中，流民遍野，饿殍时有出现，为了生存，难民之间互相抢夺财物的情况时有发生，抢劫、杀人越货的情况也偶有发生。更可怕的，还是日军飞机的狂轰乱炸，死亡的威胁如影随形。

这一路逃亡的经历让母亲意识到，如果继续一家人一起逃亡，不仅行动迟缓，而且一旦遭遇不测，赵家血脉将不保。于是，母亲决定让大姐、二姐和赵仁恺凭流亡学生证爬火车逃往武汉，自己带着三姐和弟弟妹妹逃亡，大家在武汉汇合。

时值寒冬，大姐、二姐和赵仁恺匆匆赶到火车站，等火车的时候，三人的头发都结上了霜，全身几乎冻僵，只能拥在一起互相取暖。火车呜呜地停靠下来，但车上人满为患，连行李架上都爬满了人。姐姐们跟赵仁恺费尽九牛二虎之力才从车窗爬进车厢。即便拥挤到动弹不得，比起数以万计无法上车的逃难人群，他们能够早些脱离险境，也已经是无比幸福了。

不过，这短暂的幸福稍纵即逝——火车开到河南后就地停靠，不再前往武汉。三人只好下车步行，走了不远，身边一辆卡车缓缓驶过，老乡们说是开往湖

北的。真是天无绝人之路！三人如看到救星一般，不顾一切地爬上了车。可是，就在他们爬车时，有人看这三个孩子好欺负，就趁火打劫，抢了他们的箱子。尽管感到惶恐和难过，但他们想起在逃亡的过程中看到硝烟四起，老弱病残苟延残喘，死亡、被抢劫、被拉壮丁的情况比比皆是，恐惧和危险时刻萦绕在身边。他们意识到，与死亡和离散相比，箱子被人抢了不算什么，能够成功逃亡才是最重要的。幸亏离家前细心的母亲在赵仁恺棉背心里缝了一些钱，三人才不至于身无分文。就凭着这仅有的一点救命钱，他们又辗转合肥，最终逃到了汉口。

母亲说过，一家人在汉口汇合。两个姐姐和赵仁恺到达汉口后，每天睁开眼睛的第一件事，就跑到车站和河边码头附近的难民收容所里穿梭，寻找母亲和弟弟妹妹们。他们日复一日地寻找，日复一日地带着疲惫和失望回到住处。担心、恐惧悄悄涌上心头，但谁也不说出口，都相互安慰着——说不定明天就能找到母亲和弟弟妹妹们呢。每到夜幕降临，赵仁恺就加倍思念母亲，他从来没有离开母亲这么久，他不敢想象如果没有母亲，他该怎么办。

万幸的是，终于有一天他们在码头上找到了母亲和弟弟妹妹，一家七口终于又团聚了。一时间，母亲与孩子们紧紧相拥，喜极而泣，激动的心情久久不能平静。

在汉口，赵仁恺一家住在难民收容所里，暂时有了栖身之地。当时恰逢国民政府组织抗日战争干部训练团，招收青年学生，训练半年后参加抗日工作。为了能够为抗日出力，也解决孩子们的吃饭问题，母亲把赵仁恺的三个姐姐先后送到武汉抗日战争干部训练团，一来三个姐姐们的生活有了着落，二来也减轻了家里的经济压力。

在这短暂安定的时间里，母亲又开始担心起孩子的学业问题，她不想让赵仁恺荒废时光、耽误学业，又没有办法给赵仁恺找到学校就读。为了让赵仁恺能够继续学习“知识”，母亲让大姐教授赵仁恺语文。但是大姐只有小学文化，她只能讲些故事，让求知若渴的赵仁恺聊以“解渴”。这段经历打乱了赵仁恺读书成才的梦想，他只有把这个梦想深深埋在心底，尽管非常怀念家乡，怀念读书的岁月，但眼下，能活下来才是头等大事。

## （二）徒步入川

不久，日军逼近武汉，武汉也不安全了。母亲只好以“抗属”的身份带着赵仁恺和弟弟、妹妹随文化、教育系统百余人乘船向后方撤退。

船队逆江而上，行驶了两天，眼看就要到宜昌了，日军飞机对船队进行了密集的轰炸。赵仁恺他们前面的一艘船被炸沉，一瞬间船身四分五裂，哀嚎遍江，鲜血染红了江面，船上数百条的鲜活生命立刻被江水吞没，死亡近在咫尺！

为了生存，母亲决定带着孩子们下船徒步前行。尽管岸上也并不安全，但江上那惨烈的一幕使他们不寒而栗，他们再也不敢乘船溯江而上了。船上其他人见他们母子走上岸步行，不少人尾随而来。就这样，他们一行百余人结伴沿江而上，相互搀扶着开始了徒步进川的艰难行程。

攀过一座又一座险峻的高山，蹚过一条又一条泥泞的溪流，赵仁恺幼年时曾背诵过李白的名句“蜀道难，难于上青天”，入川的路上他才终于理解了这句诗。沿途也有一些乡民对他们施以稀粥，但风餐露宿、饥寒交迫的日子时刻煎熬着他们。小家的困苦、国家的贫弱，战乱的洗礼，磨练着他们的意志。母亲将愁苦埋进心底，装出若无其事的轻松模样，不时给赵仁恺和弟弟妹妹讲述赵子龙大战长坂坡、杨家将抗金的故事，既给三个孩子在苦难中带来许多乐趣，又悄悄在孩子们幼小的心灵里种下精忠报国的种子。

经过一个多月艰难跋涉，赵仁恺一家终于到达四川万县。万县境内山丘起伏、沟壑纵横。一路上，山路崎岖，沿河而上，每走到河的尽头，就要翻山越岭，少年赵仁恺明白了“山穷水尽疑无路，柳暗花明又一村”的含义。这种经历使得他在后来在工作中遇到困难和挫折时不气馁、不放弃，坚定地寻找解决的办法。这个经过苦难洗礼的少年，尝尽流亡生活的艰难困苦，经历九死一生的考验，坚毅、自强、感恩的种子在他的心里生根发芽。

近一年的千里逃难，昼行夜宿，跋山涉水，脚上不时磨出的血泡，时常造访的头疼脑热使他更加热爱母亲、疼爱自己的弟弟妹妹。这种在困境中对亲人的爱，磨砺出他敢于担当、不怕吃苦、知难而上、知耻后勇的品质，培养了他在困境中坚持到底的韧性。1938 年夏天，他们母子四人在经历千辛万苦的逃难岁月后，终于到达四川。

## （三）参军风波

到达四川后，暂时远离了日军的轰炸，一家人稍稍稳定。听说国民政府在筹建国立九中，正在免费招收流亡的学生，不收学费和食宿费，母亲立即前往为孩子们报了名，赵仁恺和弟弟妹妹三人一同进入位于江津的国立第九中学学习，母亲则一个人在江津城内靠同乡的帮助找了份零工，聊以糊口。

陌生的学校环境、远离亲人的孤独，让刚入学的赵仁恺情绪非常低落。学校旁有个破庙，每逢情绪不高，他就去这个破庙。他到破庙后不请香，更不拜佛，而是在庙前的台阶上极目远眺。他遥望武汉和长沙，似乎能够看见在武汉和长沙服务团的姐姐们的音容笑貌，他远眺江津市区，想象着母亲劳作的场景。夜空中闪烁的星星唤醒了他的回忆，他把银河系记成南京、武汉，那颗最亮的金星就是江津！夜幕下的一切都唤起他流亡逃难时种种的回忆，这是他一生无法忘怀的

切肤伤痛和莫大耻辱。贫弱的祖国到处受到日军的抢掠，善良的人民被残忍的日寇肆意屠杀。这一切令他痛下决心，要做一个于国家、于民族有用的人，时刻等待国家召唤，他必将以身许国。

1938年秋，日军开始对重庆实施轰炸，并且空袭迅速升级，最初是轰炸重庆市区及机场，后来范围扩大至巴县、江津、合江等沿江城市。学生们在学校经常可以感到明显的地震，那就是远方发生了猛烈的轰炸。随着日机频繁来袭，江津居民也像重庆市内居民一样投入了“日出夜归”的逃难行列。那时，最常听到、最能引起人们惊恐狂奔的一句话就是：“挂红球了！”这是警告敌机临近的信号。当时的国民政府高悬一个红球标志“预行警报”，悬两个红球标志“空袭警报”，三个红球表示“紧急警报”。等日机飞走了，则挂出一个绿色三角体。如果是晚上，在挂球的同时，还要拉响高低、长短、快慢节奏不同的汽笛声。几江镇的中心，有一座高耸的钟楼，此时也会钟声大作。

有一段日子，日机经常来扰乱，为了学生的安全，学校安排清早先上两节课，吃过第一顿稀饭，即由老师带领学生离校，去两公里外的坪顶山上“躲警报”。那座山上有天然的岩洞，可供众人藏身，直到下午三点左右集合返校，吃上第二顿稀饭，再上两节课。天天如此。

当时抗日救亡运动高涨，国民党政府征收新兵到缅甸作战。同学们都很关心国家命运，有强烈的忧患

意识，经常讨论参军的话题。听说有文化的同学能够被安排到美国兵营担任翻译，很多学生跃跃欲试，个别学生参加并通过了审核。

赵仁恺回想逃亡一年多见到的诸多惨状，血气方刚的他也想到前线参加抗战。杜甫“国破山河在”的浩然感叹，岳飞《满江红》的慷慨激昂，文天祥《正气歌》的大义凛然，鲁迅“我以我血荐轩辕”的献身精神，在赵仁恺的心里一次又一次激发起弃笔从戎的热忱。

然而当他回家征求母亲意见时，却受到了坚决的反对，母亲希望天资聪颖的赵仁恺能好好完成学业，将来用一技之长报效国家。赵仁恺虽然口头答应了，但内心还是十分向往参军，保家卫国。他向同学打听了征兵的具体情况，溜出学校去征兵现场，经过审核，他被告知符合征兵条件，赵仁恺高兴地跳起来。下一步就是收拾好行囊，去征兵点报名。赵仁恺偷偷溜出门去，剃好头发，准备到征兵报名点去报名。就在出发前，母亲发现了他的异常表现，当场把他拦住了。

母亲告诉他，尽管参军能够为国效力，为家分忧，但是他还太小，在前线打仗发挥不了多大的作用。赵仁恺很沮丧，母亲语重心长地教导赵仁恺，让他通过学习成长成才，为国家做更多贡献。孝顺的赵仁恺听从了母亲的意见，彻底打消了参军抗战的想法，发誓要通过发奋学习，做一个于国家、于民族有用的人，报效国家，建设国家，使国家不再遭受欺凌，使人民不再饱受战乱之苦。

# 第三章　发奋读书的学子

经历了参军风波的赵仁恺，异常珍惜校园里来之不易的一方静土。在国立九中读书时，他养成严谨细致的学习习惯，并打下坚实的数理化知识基础。进入国立中央大学读机械系后，他跟随大师们学习尖端的技术知识，立下科技兴国的志向。这些都为他日后在多个技术岗位上脱颖而出铺就了道路。漂泊异乡的苦楚、缺衣少食的清贫，在这样发奋读书的时光里，都不算什么了。

## （一）江津国立九中

赵仁恺就读的国立第九中学（以下简称“国立九中”）其前身是安徽省立第二中学，1938 年迁入四川江津县后，更名为国立第九中学。校本部在江津县德感坝，有高中分校、初中分校、师范分校、女生分校等四个分校，1938 年 12 月正式开课。九中所在的德感坝又名德感场，建制是一个乡，位于江津县城的长江北岸，与江津隔江相望。长江滚滚流至江津，在五举沱折向北，呈“几”字形。江水湍急，如有轮船经过，掀起巨浪，很可能打翻渡江木船，发生“江难”。

当时，国立九中的校长邓季宣提出“教育救国，读书报国”的口号，学生大多来自沦陷区，深受国破家亡、颠沛流离之苦，大家爱国救亡意识强烈。“读书不忘救国，救国不忘读书”成为师生共同的心声。

为了确保学习效果，学校根据考试成绩严格地执行考分淘汰、留学制，在课程设置和课时安排上也十分紧凑。月考、期考都要停课举行，通常是在饭厅的方桌上，由不同班级的学生各踞一方。试卷用毛笔作答，应试者的姓名往往用“浮签加密写”的方式处理。教师交叉监考、评卷，防止舞弊。学生全学期的成绩，经过补考后仍然不及格者，有一门主科的留级，有两门主科的退学。

学校管理严格，老师们工作也都非常认真。有一

次，一位任课老师的儿子头一天死了，可他忍住悲痛第二天仍坚持给赵仁恺所在的班级上课。学校的严格管理、教师的认真授课，培育了他严谨细致、为公忘私的作风，这种作风也延续到了他今后的工作和生活中。

图 3-1　国立九中部分师生合影

学校白天安排老师授课，晚上安排学生们在教室上自习。最初上晚自习时，大家还可以用汽油灯。在吃饭的大堂里，七八十名学生围坐在十来张方桌，一盏汽油灯已足够明亮。可是学校库存的汽油很快告罄，这种战略管制物资无从补充，便只好长期使用桐油灯。为节约起见，当时学校规定：每盏灯最多用两根灯草，三根是不准的，而且一盏灯要供两张桌子 4 人共用。

小小的火焰还有黑烟，可想而知，其亮度是十分微弱的。而且一旦起风就很容易把火焰吹灭，屋子立刻变成黑暗。

由于桐油灯含碳量高，同学们每当上完自习回到宿舍时，都会发现鼻子周围有黑乎乎的一圈碳灰，尤其是提灯的同学更为明显，所以大家都不愿提桐油灯，而勤勉的赵仁恺每次上完自习回宿舍总是最晚一个离开、走在最后，因此这桐油灯自然就该他提。憨厚的赵仁恺默默地接受了这个同学们都不愿意干的差事，他的鼻孔总要比其他同学黑很多，于是，便得了个“黑脸大花人”的绰号。

赵仁恺逐步认识到只有发展科学才能改变国家贫弱的面貌，学习兴趣很快发生了变化，他逐步对数理化产生了偏爱。他的班主任老师是当时九中享誉最高的老师徐慧娟。她出身官宦人家，后来家道中落，在北师大学业未竟，便辍学谋事供养弟妹。她讲课条理清晰，深入浅出，把枯燥无味的数学定义、定理都讲活了。学生听得明白，记得牢固，自然能够灵活运用。

在老师们的带领下，赵仁恺对数学与化学产生了极为浓厚的兴趣。课上的内容已经无法满足他的需要，为了进一步加深学习，他写信给母亲，让她从市里购买一些数学和化学、物理的试题，作为课后的学习材料。通过这些习题的求解，他的学习成绩很快就成为班上的佼佼者。

同学们总是隔三差五地请赵仁恺解答代数、几何、

物理和化学等问题，同学间出现争论也找他裁决，对此他乐此不疲，竭尽所能。为了客观地裁决是非，他总是想法设法地运用多种求解方法，对各种结果进行反复校正，以求得到客观真实的结果，这也锻炼了他遇到问题多方位全面思考的思维习惯，养成了不盲从、严谨求证的科学态度。这种少年时代自发形成的思维习惯，对秉持科学态度解决问题大有裨益，对保持科学精神至关重要。

## （二）梦想第二件衬衫

由于是在战争状态下创办的学校，办学条件极其简陋，生活异常艰苦。学校周边除了一片稻田，还零星分布着几座农舍，其余都是连绵起伏的丘坟，稍远处就是一条大河。师生上课在祠堂、破庙内进行；宿舍、食堂则是师生自己动手搭建的茅草屋。

为了更好地管理学生、培养学生，学校实行军事化集体生活制度，组织严密、纪律严格，严格学生作息时间，早上吹号起床，整队跑步，跑步后整理内务，然后洗漱早餐，上下课也是以吹号为令。许多年以后，赵仁恺还能记起校园里的号音。起床号是：“达低达大，低笛低大，低达低笛，笛达达大”，同学们将它编成有趣的顺口溜：“大天不亮，催猪起床，我来看猪，猪还在床上。”

学校每日三餐两稀一干，像赵仁恺这样的男学生

总是半饥半饱。1940 年，四川出现饥馑，粮食奇缺，物价飞涨，两稀一干的局面也维持不了，学校将伙食改成一稀一干，一碟凉拌萝卜丝就打发了一餐，同学们叫苦不迭。但是，吃不饱饭的赵仁恺仍然十分知足。相比逃难所过的生活，此时的境遇已经无比幸福。

赵仁恺埋头发奋学习知识，希望学有所成、报效祖国。学校的物质非常匮乏，课本供应不上，同学们只能抄写讲义。市售的灰绿色、暗黄色劣质纸张，用铅笔一戳就破，用毛笔则会浸湿桌面。同学们常跟不上老师板书的速度，下课后还要相互核对笔记作补充。赵仁恺的笔记就常常被同学们借去抄写。再后来，大家连写字用的墨水也没有了，只能用一小管淀粉兑上井水当做墨水使用；没有钢笔用铅笔，没有练习本，赵仁恺就用废纸的背面写字演算；他把一支支铅笔削得很细很尖，把笔记整整齐齐地记在“练习本”上。

尽管条件艰苦，学校对学生的仪容管理依然非常严格。学校规定男学生夏天上课时必须穿着衬衫，而且衬衫要整洁。由于家里条件不好，母亲无法给赵仁恺买两件衬衫，他只能始终穿一件衬衫。为了保持整洁，他每天晚上洗完衣服后都会把衬衫尽量拧干，抻平整后摊开，压在枕头下面。一是为了使衬衫保持平整不皱巴，二是希望用体温尽量捂干衬衫。然而，效果总不是很理想，他经常需要穿着还有几丝湿气的衬衫去上课。即便是过了 60 多年之后，赵仁恺回忆起这段岁月，他仍然记忆犹新，他说那时最大的愿望就是

有两件衬衫，那样就不用老穿着湿衬衫上课了。

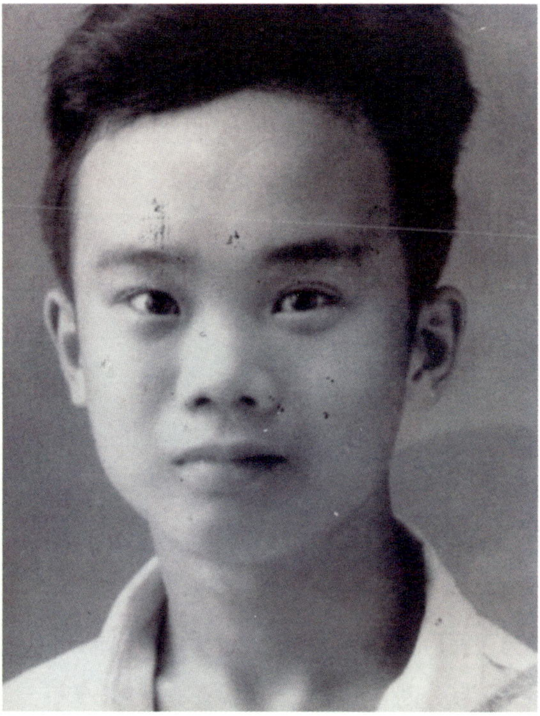

图 3-2　1941 年在江津国立九中读书时的赵仁恺

经过三年多的寒窗苦读，赵仁恺于 1942 年在江津国立九中读完高中。1942 年 7 月，赵仁恺参加了升学考试，在激烈的竞争中，他凭借优异的成绩同时考取了上海交通大学和国立中央大学。当时，国立中央大学免费招录学生，而上海交通大学招录学生需要收取费用，考虑到母亲年事已高，一辈子含辛茹苦养家，下面还有弟弟妹妹，赵仁恺选择了国立中央大学，攻读他梦寐以求的机械工程专业。

值得一提的是，早赵仁恺一年毕业的国立九中学生里，有当时校长邓季宣的侄子邓稼先。他后来成为中国科学院院士、中国核武器研究工作的奠基者和开拓者，世界闻名的“两弹元勋”。这两位土生土长的中国核工业领军人物，都曾经就读于国立九中，当时国立九中教书育人的成绩可见一斑。

## （三）国立中央大学

国立中央大学是民国期间中国的最高学府，也是中华民国国立大学中系科设置最齐全、规模最大的大学。其最早前身是创立于 1902 年的三江师范学堂。清末新政中，在求强思变思潮的影响下，两江总督刘坤一及其继任者张之洞、魏光焘等人倡导求实务本的学风，积极筹措，创立了三江师范学堂，开启了南京现代意义上的高等学府之先河，并立下“嚼得菜根，做得大事”的校训。后来学校几度更名，但是校风和校训一直延续下来。

1937 年“卢沟桥事变”之后，日本开始了全面侵华战争，国立中央大学西迁至重庆沙磁区沙坪坝松林坡，是重庆大学东北面的一个小山丘，因山坡上长着稀稀疏疏的松树而得名。赵仁恺就在这里念完四年大学。

赵仁恺童年时候就读的小学是曾经的三江师范学

堂附属小学。在他刚启蒙的时候，老师曾告诉过他，旁边的三江师范学堂是一座非常了不起的学校，里面有许多名师大家，你们以后如果有幸到那里面读书，才能学到些安身立命的真本事。没想到，异乡逃难多年后，他终究是进入了这座著名的学府。

1937 年，国立中央大学从南京往西迁的时候，也正是像赵仁恺一样千千万万老百姓向西逃亡的时候。随着战火的蔓延，大片国土沦陷，涌入大后方的人员越来越多，中央大学在校人数激增，到赵仁恺入校的时候，在校学生已经有将近四千人。

图 3-3　国立中央大学大礼堂

学生逐年增多而学校经费却不增反降，并且由于货币贬值、物价暴涨，学校的粮食供应不够，同学们长期处于吃不饱的状态。《中大周刊》曾经以“莘莘学子，嗷嗷待哺”为题进行报道：近日重庆米源不畅，煮饭减少，由每日一粥两饭改为一饭两粥。

当时学生中广泛流传着“顶天立地”“空前绝后”两句极为形象的话，是战时学生现实生活的写照。“顶天”就是下雨没有伞，光着头淋雨，“立地”就是鞋袜破烂，光脚着地；“空前绝后”就是裤子前膝或后臀部穿破了。大学生赤贫到衣衫不整，连鞋袜都没有，这是怎样的窘境啊！不少学生不得不中途辍学，帮家里挣钱糊口。赵仁恺入学半年多，全校已经有三百多学生辍学了。

赵仁恺心疼母亲的辛苦劳作，下面还有两个弟弟妹妹要读书，他也动过辍学回家帮母亲做工的念头，然而母亲坚决反对，要求赵仁恺继续读书。在当时那么动荡的环境下，像何敏贞这样坚持不懈支持孩子读书的母亲实在不多。她心里有个倔强的念头，就是一定要把赵仁恺培养好，让他有一天学有所成，不辜负他父亲的在天之灵。

苦难生活，让人不堪忍受，但是并未使人因此消极、沉沦，师生们通过艰难的磨练，更增加了民族意识和不畏艰苦的精神。校园里，教师们辛勤耕耘，学生们刻苦读书。课堂上从来不用点名，没有缺席逃课的，为了听课清楚，做好笔记，大家都是提前到教室，

抢坐前排位置，每逢名师授课，教室总是挤得满满当当，没有座位就站着听，也不忘记做笔记。

赵仁恺在国立中央大学读书期间，除躲避日机轰炸外，很少外出。他深知这片静土是由抗战前线无数的将士浴血奋战、牺牲生命换来的，也深知自己身上背负着母亲的殷切希望。当时学校里所有的课程都重在打基础，包括数学、物理、化学、材料、结构力学等等方面打基础。他全身心地投入到知识的海洋里，忘我地学习数学、机械、化工、材料、结构力学等课程。同学们眼中的赵仁恺，从来都是两耳不闻窗外事，一心只读专业书。

1945 年，日本无条件投降，中国人民结束了长达 14 年的抗战生活。当同学们敲锣打鼓的欢庆声传到赵仁恺耳际时，他这才如梦初醒，欢天喜地得参加到欢庆抗战胜利的人潮中去！抗战胜利了，赵仁恺倍感振奋，他身上像是有使不完的劲，他隐隐地感觉到，自己终于能够施展所学，报效国家了。

后来，赵仁恺回忆大学学习的经历时，认为在国立中央大学学习的基础课扎实实用，使得他毕业以后能够从事工作的范围很宽泛，基本上所有机械方面的工作，都能够胜任，如飞机、火车、汽车、电厂、机械厂、纺织厂等。到了工作岗位以后，根据工作需要，再学习岗位所需的专业知识。那个时代的学生的优点，就是哪儿都可以去，适应能力比较强。核动力工程也属于工程技术，更多地与机械热能动力技术结合，所有与工程机械有关的东西，它都有，唯一的特点是核能。核动力工程，就是核能加机械热能动力工程。看起来，机械工程与核工程差别很大，实际上，它们的差别主要在”核”——用核来做动力。只要把核动力的原理、应用和辐射防护等各方面的知识补上就可以了。

1946 年夏，踌躇满志的赵仁恺以优异的成绩从国立中央大学机械系毕业，从此踏上了一段传奇的人生旅程。与此同时，国立中央大学也完成了从重庆东迁回南京的历史征程，重庆所有校区解散。重庆国立中央大学自建设至解散，在大后方八年多来，培养了四千多学生，他们中的大多人后来都成为新中国建设的中坚力量，在中国高等教育发展史上留下浓重一笔。

图 3-4　毕业时身着学士服的赵仁恺

图 3-5 赵仁恺（二排右三）的大学毕业集体照

图 3-6　时隔 50 年后赵仁恺再次回到母校

# 第四章　在永利宁厂的日子

赵仁恺大学毕业后回到南京，未能如愿进入电厂或铁路公司工作，却机缘巧合进入了当时的民族企业永利宁厂。他凭借扎实的专业功底、出众的学习能力、勤勉的工作作风、严谨的科学态度，逐步成长为一名优秀的专业技术人员。

## （一）通过考试进入永利宁厂

1946 年 7 月，23 岁的赵仁恺大学毕业，踌躇满志地回到了南京城，计划在电厂或者铁路公司找份工作。这座城市承载了他童年的记忆，他一生中最快乐的时光，也是他在逃难路上魂牵梦绕的地方，在异乡漂泊日子里的精神家园。

然而，不谙世事的赵仁恺并没有认识到当时社会的黑暗——官员腐败，派系丛生，像电厂或铁路这种好企业没有“后门”根本进不去。他作为一个穷大学生，既没有身世、背景，又不懂请客送礼，怎么可能如愿呢？回到南京不久，赵仁恺在电厂和铁路公司应聘都先后吃了闭门羹，非常沮丧。他记忆里美好的故乡，真的会把千里迢迢归来的游子拒之门外吗？

正当赵仁恺倍感无助之时，听到南京永利宁厂设计科招聘技术人员的消息，他抱着试试看的态度参加了入职考试。

南京永利宁厂由民族资本家范旭东在 20 世纪 20 年代创办，是我国当时仅有的几家化工厂之一，主要生产化肥和工业用化学品。范旭东（1883－1945）是我国著名的化工实业家，被称为“中国民族化学工业之父”，也是我国重化学工业的奠基人，他创立的永利宁厂一度成为旧中国最大的化肥厂。1945 年范旭东逝世后，由侯德榜继任总经理。侯德榜 1890 年 8 月出生

于福建闽侯，是侯氏制碱法的创始人。20世纪20年代，留学美国多年的侯德榜受范旭东的邀请，来到永利宁厂，承担起建设碱厂的重任，他摸索出氨碱法制碱技术的奥秘，主持建成亚洲第一座纯碱厂。

永利宁厂在1937年被日军占领后，经历了8年的日军残暴摧残，随后又受到国民党腐败政权的剥削和压榨，生产长期处于半停工状态，从未达到设计水平。1945年日本战败投降后，侯德榜终于等来了复厂的时机，他急迫地希望尽快恢复工厂的生产。化工厂在当时属于高技术工厂，对技术要求很高，要复厂就需要优秀的技术人员。

为了实现工厂的起死回生，永利宁厂需要真正懂技术的人才。由于受到西方国家的封锁，国内工业基础又很薄弱，化工生产设备既不能在国外采购，又不能靠国内提供，化工设计人员只能自行开发、设计和研制。永利宁厂非常重视技术人员的设计能力，因为化工设计不仅具有化学工业的多行业、多品种、多工业的复杂性，还具有对化工工艺、催化剂、机械设备、材料控制等多领域研究、技术开发、技术进步的依赖性。因此每一个化工产品的技术进步（包括工厂规模、原料路线、生产工艺、机械设备、消耗及成本等），都集中体现在化工设计的技术进步上。

这段时期，永利宁厂不仅派出技术人员赴国外学习，还招聘了数十名国内外知名高校毕业的大学生，技术人员一度达到八九十人。他们对技术人员的入职考试要求非常严格。

当时，入职考试持续了两天，题目是在没有参考资料的情况下，画出一个齿轮变速箱的设计图（全部英文标注）。赵仁恺聚精会神，全力以赴，一丝不苟，在规定时间内递交了一份令自己满意的答卷。他扎实的专业功底在这份答卷上充分显现，这份考卷令考官大喜过望，当场表示同意招录赵仁恺入厂，而他的这份答卷也成为此后永利宁厂新人入职考试的标准范例。

图 4-1　初入南京永利宁厂的赵仁恺

办理手续后，赵仁恺正式入职，成为了永利宁厂的一名技术员。尽管入职考试成绩非常优秀，但他并没有一丝骄傲，他明白人外有人、天外有天。招聘他

进厂的考官亲自带领赵仁恺在永利宁厂参观了一圈，赵仁恺真是大开眼界——厂里的设备基本上都是进口设备，很先进，许多都是他在学校教科书上没有学过的；此外，厂里还有数十位从国外留学回来的专业技术人员。

赵仁恺感到既兴奋，又忐忑。兴奋是因为他终于能够用自己所学，实业报国，并肩负起养家糊口的担子。忐忑是他明显感到厂里所用的工程技术和他以前在学校里学的知识有很大差距——仅会画图纸是远远不够的，更重要的是把图纸变为实物，甚至把实物改造成另一个实物。他暗暗下决心，从零开始，稳扎稳打，力争成为一名优秀的工程师。

## （二）从学生到工程师

成为永利宁厂的技术员之后，赵仁恺从学写工程字做起，一步一个脚印地开始了工程师的道路。他不断研究规律，完善撰写技巧，花了足足一个星期，终于把字写得和印刷体一样。写字合格之后，他又开始学习描图，尽管制图是他的专业，有较好的基础，但他仍然按照指导老师的要求，细致地画、认真地描，充分汲取老员工的经验和技巧，进一步完善自己。

随后，他跟着老员工学习测绘。所谓测绘，就是要把待测的机器设备的尺寸、原理、材料逐个测量分析出来。赵仁恺大学期间学习的是机械专业，他对测

绘并不陌生，但还是按照规范认认真真地做了半年多测绘工作。然后，赵仁恺从简单的设备开始学习设计，并由简入繁，逐步从单一设备过渡到系统设计。这一步一步，赵仁恺学得扎扎实实，练得认认真真，没有一丝懈怠，没有一丝怨言，锤炼了心性，也为以后开展设计工作打下了坚实基础。1949 年 3 月，进厂才两年多的赵仁恺就从一名技术员晋升为工程师。

在永利宁厂与赵仁恺共事多年的汪春耀，对赵仁恺在永利宁厂工作的情况记忆犹新，他说：“我也是 1946 年到永利宁厂的，但我是地下党组织派去的，赵仁恺刚毕业不久，血气方刚，是我们地下党外围的积极分子，他平时不大说话，工作非常刻苦，为人十分诚实，我们都愿意与他交往，我们的友谊保持了 60 多年。”

1949 年 4 月 20 日，南京解放，开始了人民当家作主的新生活。新中国成立后，政府清廉务实，社会风气清朗，人民斗志昂扬。赵仁恺深刻地感受到这种变化，他备受鼓舞、如浴春风。他在工作中更有热情、更加勤勉。当时，化工厂进口锅炉和 1500 千瓦发电机，整个设备主要由赵仁恺和同事来完成安装和一些分系统的设计。做这些项目，他们从动工到完成，一两个月就解决了。

1951 年，赵仁恺参加南京市厂矿企业发明创造合理化建议活动，并获得三等奖。

由于厂领导重视技术，永利宁厂的技术设计人员比一般的工厂多一倍。在这种重视技术、人才济济的环境中，赵仁恺学习了大量的化工知识，了解掌握很多化工设备、机械设备的原理、构造，进一步拓宽了知识面，提高了学习能力。

图 4-2 赵仁恺代表永利宁厂（时称永利铔厂）参加评奖大会时的合影（第二排右一为赵仁恺）

比如催化剂，它是化工生产的关键，为了确保产品销量，国外一直对催化剂的制造技术严加保密。赵仁恺他们攻克难关，于 1950 年设计建成了触媒车间，开发出多种硫酸和合成氨用催化剂，解决了国产催化剂的问题。

当传统的合成氨制气原料焦炭的供应限制了化肥生产时，赵仁恺他们提出并实现了用我国产量丰富、

价格便宜的无烟煤块取代焦炭，开辟了新的合成氨原料路线。这是氮肥工业领域史无前例的创举，在 20 世纪 50 年代轰动了国际氮肥界。

最初永利宁厂的硫酸装置（2.2 万吨/年）以硫黄为原料，为改变依赖进口的状况，赵仁恺他们开发了新的原料路线，设计采用我国丰富的硫铁矿为原料，以接触法取代塔式法制硫酸，于 1953 年建成了一套 8 万吨/年的硫酸装置，又是国内首创。

经过多个项目的实践考验，赵仁恺扎实的技术功底和刻苦的钻研精神很快得到了工厂上下的一致认可，成为厂里的技术骨干。时任永利宁厂总工程师的姜圣阶推荐赵仁恺担任设计科科长。

尽管化工厂的工作枯燥单调，但赵仁恺仍兢兢业业、不遗余力，他从一点一滴中汲取营养，不断提高自己。赵仁恺后来回忆这段时光时说："在化工厂的这些年，很有收获。""在化工厂工作，管理工厂是国外的一套方法，是基层化工厂把我培养成一个有实践经验的合格的工程师，这是第一个好机遇。"他认为年轻时掌握的机械、化工知识对后来核动力装置的设计研究起到了非常大的作用，因为核动力装置也需要大量这方面的专业基础知识。

## （三）与杨静溶喜结连理

赵仁恺除了工作勤勉之外，为人非常实在，还积极参加永利宁厂的职工业余学校的教学工作，教授数理化等基础课程，深受工厂领导和同事的好评。1953年，赵仁恺获得南京永利宁厂职工业余学校优秀教师荣誉称号（当时的奖品为一支派克金笔）。

赵仁恺在永利宁厂工作越来越出色，大家也越来越喜欢这个勤奋、谦虚的小伙子，许多热心人都张罗着给他介绍对象。后来，经人介绍，赵仁恺结识了永利宁厂子弟小学教师杨静溶。赵仁恺这位“业余教师”和杨静溶这位“专职教师”初次见面，就有种似曾相似的感觉，相谈甚欢。相处久了，两颗心越走越近。后来，这位温婉的女子便成为赵仁恺人生中最重要的一个人。

1931年10月31日，杨静溶生于江苏无锡，父亲是爱国民族企业家杨颂昌。杨颂昌于1932年在江阴与同乡集资创办了天伦染织公司，在江阴织布行业名噪一时，该厂的“忠勇”商标在江浙沪一带颇有名气。

1937年，因商标印有十九路军抗击日寇的图案，并标有“威武不屈、强暴不服”的字样，以及在墙外刷有“实业报国”的标语，日军占领江阴后天伦染织公司成为第一批被日军报复的目标，厂房被毁。后来杨颂昌又创办了绵伦染织厂，这是上海第一帆布厂的

前身，作为解放军华东军区的定点厂支援抗美援朝作战，得到军区领导好评。

杨静溶是杨颂昌的掌上明珠，从小得到了良好的教育，先后在江阴、无锡两地读书。高中毕业后，杨静溶经时任南京永利宁厂总工程师的姨夫推荐，到永利宁厂子弟小学担任教师。作为一个出身名门的大家闺秀，杨静溶非但没有养尊处优的大小姐脾气，反而温婉明理，心灵手巧。赵仁恺与杨静溶相识后互生好感，日久生情。1950 年，赵仁恺与杨静溶喜结连理，开始了他们长达 58 年的婚姻，自此开始了一段佳话。

1952 年，赵仁恺和杨静溶的大女儿出生，次年，大儿子出生。三十而立，30 岁的赵仁恺事业上得心应手，家庭中儿女双全，日子过得蒸蒸日上。

# 第五章　调入北京

新中国成立后，国家逐步开始有计划的社会主义建设，像赵仁恺这样技术拔尖、德才兼备的专家正是党和国家迫切需要的。他很快被抽调到位于北京的化工部设计院。在新的岗位上，赵仁恺书写了多项记录，实现了多个“零”的突破，得到大家的认可。经过组织培养和深入考察，他光荣地成为一名中国共产党党员。

## （一）进入化工部设计院

赵仁恺成家立业之时，正是新中国成立后百废待兴的时期。旧中国留下的化学工业十分薄弱，只有民族实业家范旭东先生创办的天津永利沽厂、南京永利宁厂，中国化学工业的先驱吴蕴初先生创办的上海天原氯碱企业，以及日本和国民党政府留下来的大连、沈阳、吉林、重庆等仅有的几个化工厂，而且在解放前夕均遭到不同程度的破坏。经过三年的恢复和建设，1953 年，国家开始实行有计划的社会主义建设，迈开了工业化的第一步。

中国是一个人口大国，解决几亿人口的吃饭问题是头等大事，而快速恢复合成氨、硫酸、碱等无机化学工业，尤其是化肥工业，就成为当时化工业发展的重点。第一个五年计划期间，国家集中主要力量进行了以苏联帮助中国设计的 156 个项目为中心的工业建设，包括吉林、太原、兰州三大化工基地的建设。新中国第一支化工设计队伍就在这一年诞生。1955 年，在永利宁厂工作表现优异的赵仁恺被抽调到北京，进入化工部化工设计院，担任该院一名主任工程师。1956 年 2 月，他的家人也从南京搬到了北京。

化工部化工设计院后来改称化工部第一设计院，是当时我国化工系统唯一一家中央直属设计单位，首任院长是开国大将黄克诚的夫人唐棣华。这个设计院

参与了配合苏联援建的吉林、太原和兰州三大化工基地的建设，为创建和发展新中国的化学工业奠定了重要基础。

赵仁恺到北京化工部化工设计院后，主要工作与在永利宁厂非常相似，与各种化工设备和系统打交道。通过配合三大化工基地的建设，他学到了苏联大型化工项目的规划、选厂、三段设计等方面的知识。当时化工业乃至全国各行业基本建设的工作都是仿照苏联模式，分为甲方（筹建处或指挥部）、乙方（施工单位）和丙方（设计院）。其中，甲方是建设单位的主体，在筹建期间还负责按施工图进行设备、电气、仪表和安装材料等采购工作，对施工质量进行监督，组织生产班子及对生产人员进行培训等。乙方是按照施工图和施工规范负责安装和施工，对工程施工质量负责，配合甲方进行试车和试生产，并对此过程中出现的问题与设计代表一起负责处理。丙方则按照国家计划下达的任务负责设计，就是赵仁恺所在的化工部化工设计院工作的范畴。

据赵仁恺回忆，当时的设计一般分为三个阶段，第一是“初步设计”，用于报上级主管部门审批，经批准后则作为第二阶段“技术设计”的依据。“技术设计”经有关技术部门组织专家审查，通过后方能进入第三阶段“施工图设计”，完成施工图后将设计图纸发送给甲方，并派出各专业设计代表到现场处理施工和试车中的问题。

在化工部化工设计院，赵仁恺刻苦钻研，在苏联专家的指导下，完成了许多化工项目的设计，比如吉林电石厂醋酸装置、我国第一台 13.5 立方米聚合釜、年产 3000 吨聚氯乙烯装置等。1956 年，赵仁恺他们结合了从苏联引进的吉林化肥厂 5 万吨/年合成氨工厂和永利宁厂合成氨的优点，自行设计出四川化工厂年产 7.5 万吨合成氨装置。四川化工厂的建成投产，说明消化吸收苏联技术符合我国国情，标志着我国已经具备了自力更生开发设计建设整套氮肥生产装置的能力。也就在这一年，赵仁恺被评为化工部化工设计院先进生产者。

图 5-1　在化工部化工设计院工作时的赵仁恺

## （二）加入中国共产党

新中国成立后各行各业都发生着翻天覆地的变化，以前社会动荡、物价飞涨的局面一去不返，人民生活焕然一新，赵仁恺看在眼里，记在心里。他认识到，这是中国共产党给各行各业带来的变化，中国共产党以为人民服务为宗旨，领导人民建设新中国，因此，他从心里拥护共产党，决心要努力成为他们中的一分子。他主动向党组织靠拢，撰写了入党申请书，并积极接受党组织的考察。

赵仁恺在递交入党申请书时，内心是有些惶恐的，他担心会因为自己的“出身”不好而被党组织拒绝——他出生在南京城里一个大户人家，中学、大学都在国民党创办的学校里接受教育，大学毕业后又在“资本家”创办的公司里工作。在当时那个红色年代，上述任何一条都可以成为阻拦他入党的理由。但是，赵仁恺实在太优秀了，技术上出类拔萃，一次次漂亮地完成组织安排的重要设计任务，生活上谦虚谨慎，善良诚恳，大家都对他非常认可。张西蕾（张太雷之女，新四军战士，后担任化工部设计院党委副书记）对赵仁恺非常了解，极力推荐赵仁恺加入党组织。

1956 年 5 月 18 日，在化工部设计院，由张连湘和张开炎两位党员同志介绍，经所在党支部大会讨论通过并报上级党组织批准，赵仁恺光荣地加入了中国

共产党，成为了工人阶级先锋队中的一员，也是该单位技术骨干中少有的共产党员。赵仁恺永远都不会忘记，当年举起右拳宣誓的场景：“我志愿加入中国共产党，承认党纲、党章，遵守党的纪律，服从党的决议，学习马列主义、毛泽东思想，努力提高自己的觉悟，积极工作，精通业务，随时准备为党和人民牺牲一切。”

这一时期，党章中没有制定统一的入党誓词，但“积极工作”“精通业务”这些是一定要涵盖在内的，一方面说明了党的工作重心由革命转为建设，一方面也说明了精通业务、为国家建设服务成为合格党员的基本条件。

正是由于共产党员的身份，使得赵仁恺后来在我国核工业筹建抽调技术骨干时成为所在单位的不二人选，也让他从此牢记共产党员的使命——精通业务，以身许国，奉献终身。

# 第六章 步入核工业

20 世纪 50 年代初，新中国在埋头搞建设的时候，多次受到帝国主义咄咄逼人的核威胁，为了保卫国家安全，研究核武器、建设核工业势在必行，中国核工业建设就此启幕。正值用人之际，已经成为化工设计领域重要专家的赵仁恺就此进入核工业队伍，开启了一段神秘而又波澜壮阔的人生经历。

## （一）初到原子能研究所

1955 年，党中央、毛主席根据铀资源的勘查情况，高瞻远瞩地提出要大力发展原子能工业，毛主席在中国共产党代表大会上响亮地提出：“开始原子能这样的历史新时期!”中国核工业从此起步。同年，中国政府作出了正式接受苏联援助中国和平利用原子能的“决定”。苏联计划帮助中国建设“一堆”（7000 千瓦实验性重水反应堆）、“一器”（1250 万电子伏特的回旋加速器）。

1955 年 10 月，中央决定在北京西南远郊坨里地区建设原子能研究所的新基地，1956 年 5 月破土动工。

时值核工业初创时期，是真正的零起点起步，一穷二白，要完成党中央、毛主席交付的任务，急需大批高素质的专业技术人才。有关部门向中央请示，毛主席给予批示：要大力协同做好这项工作。随后，有关部门根据党中央、毛主席的指示将大批高素质专业技术人才从全国各条战线抽调到核工业系统。1956 年 7 月，已经成为业内专家的赵仁恺从化工战线上调到核工业战线。此时，我们国家的原子能事业部刚刚成立，也就是后来的第二机械工业部，简称二机部。

赵仁恺最早被调到核工业的早期主管机关（建筑技术局），第一个工作单位是正在筹备的二机部设计院（后简称二院）。这次调动是赵仁恺人生的重要转折，从此他便踏上了建设中国核工业这条伟大而神圣的道路，与新中国核事业的发展紧密联系在一起，开始了不同寻常的人生轨迹。

图 6-1　苏联援建我国的第一座实验性重水反应堆

此时，由于设计院尚未完成组建工作，建筑技术局干部司委派赵仁恺等人到中国科学院原子能研究所（简称原子能所）工作，参加“一堆一器”的建设，重点是参加实验性重水反应堆的建设，从中获得对反应堆的直观知识。

这是极难得的机会，赵仁恺一步便跨入了我国原子能科学的最高殿堂。当时的原子能所可谓学术大腕云集、精英荟萃——钱三强、王淦昌、彭桓武、何泽慧、朱光亚、李林、戴传曾、黄祖洽等今天听来如雷贯耳的科学大家，当时都聚集在燕山脚下这个神秘的

研究所内工作。

在这么多学术大家身边工作，刚开始参加“一堆一器”建设的赵仁恺心里忐忑不安，生怕自己跟不上工作的节拍。时任原子能所所长的钱三强很喜欢这个墩实、勤奋、善动脑筋的年轻人。钱三强看出赵仁恺的顾虑，便拍着他的肩膀说：“不用担心，我们现在不是研究人员，而是一个工程技术人员，目前的工作是在苏联专家领导下完成反应堆的安装和调试。对于核物理，边干边学，可以先只搞懂基本概念，其他的知识以后慢慢学。”钱三强所长的话令赵仁恺备受鼓舞，他在心里暗暗给自己加油，一定要在“一堆一器”建设中勤学苦练，而且要快马加鞭，迎头赶上。

赵仁恺大学时期学的专业是化工机械，参加原子能反应堆建设属于“跨界”。在原子理论面前，零基础的他就是一张“白纸”。他深知自己还是门外汉，在核物理上只能一切从零开始。

强烈的使命感像影子一样与他终日相随，他像上了发条一样地工作和学习——白天他全力以赴跟着核技术人员投入工作，晚上听苏联专家讲课。同时，为了“恶补”原子能知识，在上课过程中，赵仁恺遇到不懂的知识立刻向科技人员请教，而且刨根问底，一定问个水落石出。他还抽时间刻苦自学了赵忠尧、何泽慧等著的《原子能原理和应用》、苏联教科书《核物理》等和后来格拉斯登著的《原子核反应堆工程原理》等。由于赵仁恺读大学时学的是英文，而此时的资料、书籍均为俄文，他利用各种机会学习俄文，哪怕是乘坐公交车，也要抓紧补习俄文。工夫不负有心人，他的俄文能力提高很快，不多久就能阅读俄文资料和书籍了。

图 6-2 赵仁恺与苏联专家一起交流

天资聪颖、方法得当加上勤勉刻苦，克服了语言关之后，机械专业出身的赵仁恺很快就迈入了原子能科学的门坎。通过理论学习和参加重水堆建设工作获得的感性认识，他知道了用重水（即氧化氘）作为慢化剂的核反应堆称为重水反应堆，这种反应堆可以用重水、普通水、二氧化碳和有机物作冷却剂。由于重水的热中子吸收截面小，可以采用天然铀做燃料。这

种反应堆对铀燃料的利用率高于轻水堆，烧过的燃料铀-235含量为0.13%，乏燃料元件不必后处理。而且，这种堆可作为生产堆、动力堆和研究堆使用；由于反应堆堆内中子经济性好，可生产氚和发展多种堆型。

在观看苏联第一个原子能发电厂——奥布灵斯核电厂的记录片后，赵仁恺发现尽管核电厂功率只有5兆瓦，但是原子能通过裂变释放出来的巨大能量却与重水堆有异曲同工之处。他把这些实践中感官认识记在心里，与理论不断对照。严谨求实的他在心中反复地问自己，链式核裂变是怎样形成的，形成后的反应又是如何从物理能转变为热能而做功的……一个又一个疑问不断激发着他的求知欲，驱使他不顾一切地冲向链式核裂变这片物理的天地。他如饥似渴地学习理论知识并勤奋实践，逐步深刻而全面地掌握了反应堆的原理、应用和工程设计知识，为他日后展开核能科学研究与工程设计打下了坚实基础。

最初进入核工业的这段经历一度让赵仁恺倍感压力，已经在化工行业小有名气的他再次从零起步，再做新人，需要调整适应。然而，他并没有感到一丝不快，而是将其视为人生第二个好的机遇。时隔数十年之后重新回忆这段时光时，他说：“（当时）我们都是没有搞过核的，在原子能所参加建设我国第一座实验性重水反应堆的两年中，在以钱三强为首的老一辈核物理学家的感召和指导下，我有这种可能和机会努力

学习核反应堆方面的知识和基础，为我今后从事反应堆工程研究设计打下了‘核’方面的基础，这是我的第二个好机遇。”

## （二）设计院委派赴苏联学习

1957年12月，“一堆一器”基本建成，赵仁恺正在参加原子能所实验性重水堆值班主任培训班，接受苏联专家培训，忽然被叫到李毅副所长办公室。李毅副所长告诉他：“这是部里的决定，调你到设计院，我们想留你留不住。”李毅副所长的脸上充满了对他的信任又无可奈何的神情。听完李毅副所长的话，赵仁恺二话没说，马上回宿舍收拾行李回到北京城里。练兵千日，用兵一时，他期待已久的设计任务终于来了！这么多日夜的辛苦学习反应堆知识，这么久关于反应堆的认识积累，终于有了用武之地。

第二天，赵仁恺赶到二机部设计院后，才知道自己不仅可以参加设计，而且是被二机部选派到苏联列宁格勒，参加军用生产堆中苏联核反应堆设计组的设计工作。到苏联老大哥那里去，直接跟苏联专家们学习先进技术，这是多么难得的机遇啊！赵仁恺匆匆辞别母亲、妻子和三个孩子，踏上北去的火车，奔赴苏联列宁格勒设计院，学习生产堆研究设计。

在苏联学习的半年时间里，赵仁恺认识了欧阳予等同样被组织派来学习的同事，并结下了深厚的友谊。

在他参加军用生产堆设计的过程中，由于勤奋好学，待人真诚，他很快地与苏联专家和工程技术人员打成一片，成为业务上的亲密伙伴。这种紧密关系的形成，为学习和实践创造了良好的环境。

面对难得的工作和学习机会，赵仁恺和他的同学们都倍感珍惜，他们全身心投入，节假日也不休息，除了参加苏方组织的在莫斯科、圣彼得堡的休闲游览活动去过几处“二战”留下的残垣断壁和俄罗斯名胜古迹外，他们把有限的时间都用在了学习研究“军用生产堆”中，他们的状态——正如高尔基所说，像饥饿的人扑在面包上。

图 6-3　赵仁恺（右二）在去莫斯科的路上与同行人员合影

图 6-4 1958 年赵仁恺在苏联参加军用生产堆联合设计期间，于莫斯科大学主楼前

步入核工业的两年多来，不管是在原子能所，还是苏联列宁格勒设计院，赵仁恺始终勤奋钻研，刻苦工作。他明白，在这个崭新的领域，他要学的东西太多了，他以后的任务也一定非常重。通过参加实验性重水堆的实践和军用生产堆的设计，赵仁恺广泛地学习了核物理、热工水力、结构力学、流体力学、机械电子、控制保护、辐射防护、材料工艺、仪器仪表、核安全等方面的知识，还进行了广泛的实践。他综合多方面的理论学习和实践，对核动力设计初步形成了基本认识，这为他后来引领我国潜艇核动力装置研发前沿，在核动力技术领域冲锋陷阵、带领技术和工程人员百折不挠地攻克千难万险夯实了基础。

# 第七章　与核潜艇结缘

从苏联学习半年多后，赵仁恺回到祖国，组织上安排其进入潜艇核动力技术领域，踌躇满志的赵仁恺从此与核潜艇结缘，翻开了事业上崭新的一页。他当然明白，这既是一个巨大的机遇，又是一个严峻的挑战！

## （一）中国核潜艇艰难起步

1954 年 9 月 30 日，美国第一艘核潜艇“鹦鹉螺”号服役，1957 年 8 月，苏联的第一艘核潜艇（N 级）也下水试航，从此美苏两个核大国均成为拥有核潜艇的国家。核潜艇是当时最先进的水下武器，在世界战略格局中具有特殊的地位，它的隐蔽性好、攻击力强、续航力大，以广袤的大洋为屏障，是海洋国家展示军事力量的秘密“撒手锏”，更是有核国家“三位一体”战略核力量中最有效的二次核打击手段。也就是说，只有拥有了核潜艇，特别是拥有弹道导弹核潜艇的国家，才称得上是具备战略核反击能力的国家。

1958 年 6 月 13 日，我国第一座实验性重水反应堆在北京建成并达到临界。这标志着我国第一个核反应堆达到了正常的运行水平，核反应堆这个昔日神秘而坚固的“堡垒”逐步被打开缺口，对研究船用核动力装置具有一定的参考价值。

几天后，当时主抓“两弹”（原子弹、导弹）工作的聂荣臻元帅根据海军和二机部分别提出的关于趁势研制弹道导弹核潜艇的建议，召集海军、一机部、二机部等相关负责人研究讨论了核潜艇研制的有关问题。随后，聂帅以国防科委的名义向党中央提出《关于开展研制导弹原子潜艇的报告》。毛泽东主席、周恩来总理、邓小平、朱德、彭德怀等老一辈无产阶级革命家

于同月30日传阅后均表示同意研制。随即中央还成立了以罗舜初为组长、张连奎为副组长、刘杰和王诤为组员的“核潜艇工程领导小组”（中央四人小组）来组织、筹划有关中国核潜艇的研究设计工作。

7月初，这项涉及许多工业部门的国防尖端工程在海军、二机部、一机部、冶金部、化工部相继成立研制机构，二机部根据分工，在堆工局成立了以白文治局长为组长的核潜艇反应堆调研组。

8月，二机部根据国防科委《关于开展研制导弹原子潜艇的报告》，成立以宋任穷部长为组长，由刘杰副部长任副组长，相关领导和专家组成的潜艇核动力堆领导小组。这个领域在我国是个全新的领域，一片空白，急需“又红又专”的技术骨干来领衔组织开展技术工作。命运之神又一次垂青了在技术上初步做好准备的赵仁恺！此时赵仁恺刚从苏联学成回国，原子能所重水堆已投入运行，原子能事业部也正式更名为第二机械工业部，简称二机部。

正当赵仁恺打算全力以赴地参加我国军用生产堆的设计、大干一场时，二机部设计院院长冯麟同志忽然找到他，说有一项十分重要的国防尖端任务要交给他。冯院长把他叫到办公室，仔细地关上门，一脸神秘地告诉他：“任务就是自力更生研制核潜艇！”冯院长还说，二机部党组已任命赵仁恺为潜艇核动力研究设计组组长。听到这些，赵仁恺一头雾水，组织上花那么大的代价，让他出国去接受生产堆设计的培训，

回来没几天，怎么又让他去搞国防尖端任务，而且是绝密的项目，他既疑惑，又倍感振奋。

带着疑惑，赵仁恺第二天上午急急忙忙地赶到了二机部刘杰副部长办公室。刘杰副部长告诉他，这个项目是经毛主席、周总理批准的国防尖端项目，密级高、责任重、要求也高，希望他不辜负组织上的期望。刘杰副部长对赵仁恺说："小赵，让你去搞原子潜艇上的反应堆，核动力装置，这与生产堆有些不同，但却有共同处，你算是派上用场了，年轻人甩开膀子，大胆干！"面对刘杰副部长的鼓励，组织上的信任与期待，赵仁恺激动万分，当场表示服从组织分配。

对于一个"半路出家"进入原子能技术领域的技术人员，能幸运地被挑选参加由党中央、毛主席批准的高密级尖端国防工程，这种突如其来的喜悦和兴奋令他不能自已。转念一想，这既是一个难得的机会，又是一个极大的挑战，能不能搞成？能不能如期搞成？能不能背负起党中央、毛主席的信任和期待？他一时间感到巨大的压力。冥冥中，他想起 14 岁那年逃难时的"山穷水尽"与"柳暗花明"，他回忆起自己面对党旗的庄严宣誓——"随时准备为党和人民牺牲一切"，他坚定了决心，要不惜一切代价把核潜艇核动力搞成，圆满完成党中央、毛主席交付的任务！

9 月，二机部潜艇核动力研究设计组正式成立，开始研究原则方案，人员从原子能所和设计院抽调，共计 18 人，组长是赵仁恺。反应堆组有韩铎、周永

茂、董茵、姚敏智、訾绍芬，一回路有李乐福、张敬康、周泉通、白国柱，自动控制组有蒋滨森、肖永定、龚云峰、孟繁淑、陈恩衡、曾记直，剂量组有昝云龙、王荣廷。

## （二）随海军访问苏联

按照当时党中央“自力更生为主，争取外援为辅”的原则，二机部认为应力争得到苏联对中国核潜艇的援助。为了尽早争取外援，建设自己的核潜艇，早在1957年，中国政府便派出以萧劲光将军为团长的海军代表团访问苏联，但是当代表团提出援助核潜艇建设项目后，对方含糊其辞，态度并不明朗。

1958年二机部潜艇核动力研究设计组成立时，恰逢苏联邀请中国海军代表访苏，商谈购买、引进和咨询海军技术装备事宜。为了再一次试探苏方的态度，中央决定在访苏商讨内容中加入核潜艇，并且安排二机部潜艇核动力研究设计组相关人员随行，以便尽可能多地增加这些研究人员关于核潜艇的认识。

此次出访的团长是中国海军政治委员苏振华，副团长为二机部刘杰副部长、一机部张连奎、六机部副部长方强、国防部五院刘秉彦，同行的还有白文治局长、连培生、屈智潜、黄祖洽、赵仁恺、董茵等。

临行前，苏振华政委召见了二机部分团的刘杰、白文治、赵仁恺、董茵，开会研究赴苏考察谈判的准

备工作。会上苏政委传达了周恩来总理的指示，要做好充分准备，利用好这次考察机会，要细看，多问，深谈。为了参加谈判时能提出“问题”，赵仁恺他们采取了两条措施：一是到各个科技图书馆，广泛地调研与反应堆、核动力有关的报刊、书籍等资料；二是到海军基地的常规潜艇上去体验生活。距离出访只有一个多月，潜艇核动力研究设计组的同志调研了所有可能找到的资料，翻阅了一些原版书籍，对反应堆、核动力终于获得了新的知识，拿出了一个核潜艇的访问谈判提纲，共50多个问题，为出国做了必要的准备。

这50多个问题，现在看来可能都比较浅显，但在当时，对这些不熟悉反应堆专业的技术人员来说，的确是难能可贵的。在这些问题的基础上，经过研究讨论，代表团确定了拟向苏联给予技术咨询的38个问题，作为谈判提纲。这个谈判提纲主要围绕压水堆设计原则、潜艇对反应堆的特殊要求、堆型选择、压力容器、活性区物理、热工参数、燃料元件选择、堆控制及辐射防护的特殊要求、一回路及其辅助系统的设计原则等问题。

代表团原定搭乘10月17日苏联航班飞往莫斯科，因为苏振华政委临时有事退了机票，改为下周的航班再走。没料到苏政委的这一改期救了全体团员的性命。因为第二天从广播中得知，10月17日的那个航班在莫斯科远郊上空爆炸坠毁，搭乘该航班的我国文化部副部长郑振铎等八十余名中外乘客全部遇难。我国的

"国防科技代表团"因未乘坐该次航班而幸免遇难，实属巧合，大家想想都后怕。

1958 年 10 月 21 日，访苏代表团一行共 34 人起程赴苏，12 月 21 日返京，行程整整两个月。正式会晤于 10 月 24 日开始，中国政府代表团就核潜艇援助等三个主要方面与苏联部长会议对外经济联络委员会主席阿尔希波夫进行会谈。在长达两个月的马拉松式的谈判中，苏方要么避实就虚，要么闪烁其辞，一般性的工业项目达成了一些协议，但关键性的东西则尽量推拖或予以否认。比如 1957 年协议中约定，原定 1957 年应给中国一套原子弹教学模型和一颗原子弹样品，现在苏方则诡称"中方仓库未搞好"，继而又说"中方的保密条件不理想，因此不能按期交货"。但等到苏联保密专家亲自到中国看过并认为"合乎保密条件"以后，苏方又借口他们的准备工作出了岔子，仍不能按期交货等。总之，种种迹象都暴露出苏方不愿意履行"协议"，谈判进行得异常艰难。

11 月 7 日，苏联的十月革命节到了，苏方把中国代表团当作"尊贵的客人"，请上了红场的列宁墓观礼台，但谈判仍拖拖拉拉。代表团们慢慢明白，苏方对我们感兴趣的是我们的铀矿资源和核燃料生产，因为苏联缺铀矿，他们对"社会主义大家庭"的铀矿资源，早就有了打算，派专家、给设备的确很热心，但对原子能的尖端科学技术，不是守口如瓶，就是拖延时间，或者是对过去已经答应过的不予兑现。

图 7-1　1958 年赵仁恺在莫斯科红场

代表团到苏联已经十多天了，谈判仍然处于马拉松状态，总体进展不顺利。关于核潜艇的问题，到底提还是不提？经过代表团的慎重研究，认为无论如何，即使碰钉子也要提。于是在一次约谈会上，中方代表团向苏方提出了在核潜艇方面请“老大哥”给予援助的问题，没想到比预期的情况还坏。谈判对手波哥丹诺夫很有礼貌地说：“对不起，关于核潜艇，我无可奉告，因为它不在谈判的范围内。”接着又补充说：“据我所知，核潜艇问题，我们正在研究当中，我不了解情况，这个问题你们应该找最高统帅部去谈！”看来，在核潜艇方面的“闭门羹”是吃定了。

耳闻目睹了苏联官方人员拒绝提供研制核潜艇资

料的尴尬局面，赵仁恺心中更加清醒地认识到：高新尖技术是买不来的，更何况刚刚研制完成核潜艇的苏联，就更不可能这么爽快地将自己辛勤劳动的成果白白交给中国，他们一定另有打算。国家与国家之间尖端国防技术，都牵涉国家利益。天上不会掉馅饼！

11 月 11 日，代表团根据党中央的指示，既然苏方对核潜艇技术援助采取回避态度，我方就不再主动询问，原则上尊重苏方意见，在争取不到外援的状态下，可让二机部分团，将潜艇核动力研究设计组提出的 38 个技术问题——《32 个问题 6 条意见》提交给苏联政府，咨询苏方原子能研究部门，请他们帮助提些意见和看法。此举不乏有“一箭双雕”的功效！一方面说明了我们的实力，不是一点都不懂！另一方面探探苏方科技人员的态度。这 38 个问题涵盖了核动力堆主方案、主参数中提采用压水型双堆、小流量、大温差、压力壳锻造是否可行，以及是否建造 1∶1 陆上

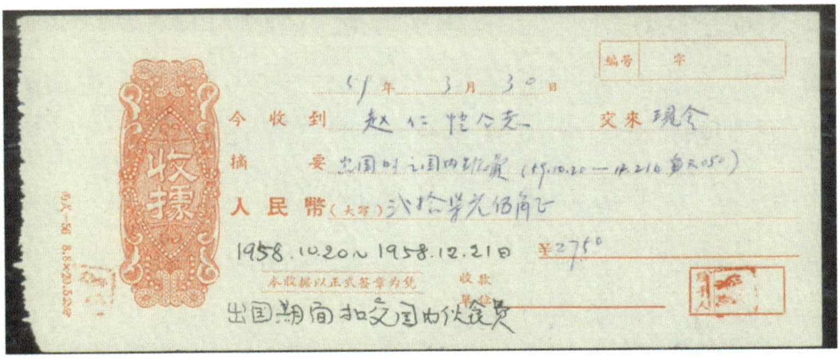
收據
编号　字
年　月　日
今收到 赵仁恺同志 交来现金
摘要
人民幣（大写）
1958.10.20～1958.12.21日　¥27.50
本收據以正式签章为凭　收款单位
出国期间扣交国内伙食费

图 7-2　1959 年赵仁恺的补交伙食费单据

模式堆等问题。尽管当时大家都感到得到答复的机会很小，不抱太大希望，但二机部分团的人还是毫不气馁，他们相信苏方核科技人员是不会拒绝中国核科技人员抛出的橄榄枝的，科技人员的心是相通的。

尽管当时苏联原子能部门没有提出任何意见，但还是友好地邀请他们对核设施和核研究机构进行参观。这对赵仁恺一行来说就是机遇，他们充分利用访问苏联原子能总局、列宁格勒核工程设计院、苏联库尔恰托夫原子能研究院、列宁格勒造船厂、莫斯科奥布宁斯克动力工程物理研究院的机会，在访问过程中进行了卓有成效的咨询、谈判。

参观“列宁”号核动力破冰船时，赵仁恺通过调试运行的总工程师，了解到当时3台压水堆正在调试，就此他和董茵便抓住机遇，接连提出了很多技术问题，均得到这位总工程师热情洋溢的回答。刘杰副部长见状尽量拖延时间，为技术人员创造条件，便提出要为破冰船题词，苏方很高兴地为他准备笔墨。刘杰副部长因为题词在“列宁”号核动力破冰船反应堆堆顶上等候了1个多小时的笔墨。这1个多小时当然为赵仁恺他们实体观摩反应堆系统，抄写流程图赢得了宝贵的时间，加上董茵用俄语向陪同他们的技术人员连珠炮似地提问，尽管苏方人员有些应接不暇，但他们还是都十分友好地进行了解答。赵仁恺和董茵也从“列宁”号核动力破冰船上看出苏联核潜艇也处于初级阶段，要想提供成熟的技术也实在勉为其难。

11 月 21 日，苏方带领访问团赴莫斯科郊区奥布宁斯克工程物理研究院参观。赵仁恺他们第一次见到了 5000 千瓦核电厂以及石墨水冷、5%浓缩铀元件的“世界第一座实验核电厂”、快中子零功率装置等核设施。11 月 22 日，他们在莫斯科参观访问了苏联国家原子能委员会库尔恰托夫原子能院，访问了西多连柯教授主持的核反应堆部，西多连柯主要主持领导系列商用核电厂压水动力堆设计（苏联是设计导师制，技术上领导其他设计院工作），通讯院士赫洛普京主要主持领导核动力破冰船（潜艇模式堆）设计，解决了中子物理、相应应用模型，并在此基础上建立起活性区计算方法，直至运用于船艇动力堆上。

他们还通过访问冈恰洛夫博士，参观了“和平”号材料试验堆及其燃料元件试验回路装置，参观了反应堆热工水力台架实验室。赵仁恺在此间抄下的“流程图”为原子能所建造 47－2 实验回路提供了参考。在这里，赵仁恺第一次亲眼看到在堆内考验过的燃料元件和结构件，包括“列宁”号核动力破冰船堆用燃料元件及所用的不锈钢和锆合金包壳管及元件盒，还有很多堆型的元件，摆了满满一屋子。对赵仁恺他们而言，第一次看到琳琅满目的燃料元件，仿佛饥饿的人看到一桌丰盛的满汉全席，激动万分。连培生和董茵连珠炮似地向陪同的苏方技术人员提问，赵仁恺则像机器一样高速运转，用眼睛扫描这些元件，用脑子记录它们的信息。

紧张的互动交流在兴奋中很快就过去了，他们几乎忘记了吃晚饭，流连忘返地徘徊在元件堆里。负责接待他们的原子能总局的领导催促他们用餐，他们提出能不能再来一次，接待副局长态度十分傲慢地说："这是科学院，不是小学校，就是再来十次你们也学不会、做不出来！"刘杰副部长见状，向这位副局长做了意味深长的解释："现在不会，是因为他们外行，但他们在不会太长的将来一定是内行。"这位副局长自感理屈，赶紧向他们道了歉。第二天，苏方虽然没有安排参观，却进行了一次简单的答疑。

图 7-3 "列宁"号核动力破冰船

## （三）访苏收获

在苏联整个参观和谈判的过程中，赵仁恺作为一名顾问，做了他应作的贡献。他认为，这个过程是他们扩大视野、感性认识、吸收观察、分析提问的好机会。赵仁恺是一个作风细致的人，他善于在观察中提出问题。他坚持每天记笔记，像访苏争取外援、扩大视野这样重大的参观活动，尤其是一些敏感的核心技术，由于不能问，他便将疑团储存在自己的脑海，对一些一知半解的东西他便刨根问底，没有半点的松懈。他目光炯炯有神，及时捕捉点点滴滴，目不转睛地跟踪，注意力高度集中，聚焦的目光就像一台扫描仪不停地扫视着，耳朵就像雷达高度集中地搜捕着，他如饥似渴，不放过任何一个细节，穷追不舍。对能问的，他总是不停地问啊！记啊！抄啊！

“列宁”号核动力破冰船反应堆流程、零功率核反应堆的结构和功能、各种类型的核反应堆燃料元件等等，每一次参观的全过程都深深地印在他的脑海里。赵仁恺的思绪也十分活跃，随着参观各条热工试验回路装置，他那睿智的大脑便记下了流程图。回到宾馆，不论再晚，他都会连夜加班把回路、流程从脑海里“倒出来”，绘制在他的笔记本中，他常常为了某个疑团而通宵达旦地追索并找到答案，方才罢休。他那本代号为 0023 号的蓝色笔记本是他出访苏联时唯一被允许随身携带的记录本，满满两百余页，不仅航行着“列宁”号，运行着核电厂，而且还满载着核反应堆中各种流程和构件的参数，字里行间都镌刻着他参观时的感受。

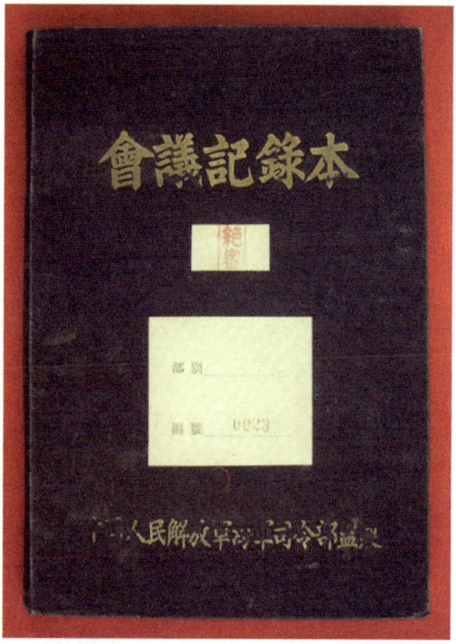


图 7-4　赵仁恺访苏时使用的 0023 号笔记本

当后人打开这本记录本时，发现这本记录本里密密麻麻地记满了各种数据、文字，画了许多设备的草图，有些还是凭着参观时的记忆事后画下来的，可见他是多么的仔细和重视，一种强烈的责任感驱动他要把苏联的技术资料尽可能多地带回来。记录本里的内容大致分为九个部分：

1. 赴苏前作的出访谈判用的核动力原则设计草

案，包括拟向苏方提出的38个技术问题。

2. 记录苏联原子能总局介绍的核反应堆类型以及核燃料元件的结构等。

3. 参观列宁格勒核反应堆设计院，考察学习核反应堆的结构、重要核设备等。

4. 参观“列宁”号核动力破冰船。

5. 参观苏联5000千瓦核电站、快中子零功率核反应堆、热中子零功率核反应堆等多座核反应堆。

6. 参观核燃料元件反应堆，包括各种反应堆的燃料元件。

7. 参观后的讨论记录。

8. 参观某反应堆之前的技术准备，以及参观时的记录、讨论。

9. 漫谈收获和感悟。

这本记录本成为珍贵的历史见证物，记载了赵仁恺在半个多世纪前的发奋图强精神，是中国在建造核潜艇初期艰难起步的一个缩影。

经过这次访问，赵仁恺认识到要搞尖端国防，首先要破除迷信，防止崇洋媚外，战术上要执行土洋结合的政策，反应堆研制建造不能全部照搬，要独立思考，善于借鉴，自力更生加大基础建设，加快人才培养。这次访问，进一步坚定了赵仁恺一定要自主搞出核潜艇反应堆的决心。

1958年12月21日，访苏代表团结束为期两个月的谈判回国。为了不受干扰地总结好这次访苏，刘杰

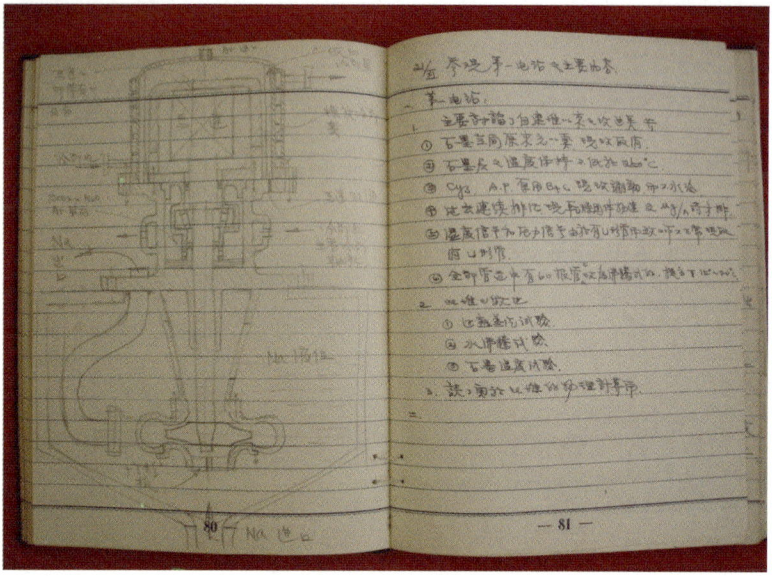

图 7-5　赵仁恺访苏期间记录的资料

副部长决定带领二机部人员乘火车回国，利用乘车时间做好考察总结。火车上，刘杰意味深长地跟赵仁恺他们说，这次考察中虽然没看到苏联核潜艇，也没有得到技术转让，但这已证明中苏两党的关系已是山雨欲来之势，我们只能走自力更生、奋发图强之路，早日拿出核潜艇动力堆的设计，建造出核潜艇。

对考察中参观的“列宁”号核动力破冰船、动力堆燃料元件，试验堆用的成套装置、设施体系等，赵仁恺初步认识到，要研制动力堆需要建设堆工程试验研究体系。尽管苏方不肯转让和平号元件材料试验堆，但他们拿到了技术含量低一些的 NPT 堆的资料。在车上赵仁恺和董茵还提出将该堆堆芯做些改造使之能做

材料元件试验工作的建议，得到了屈智潜的充分肯定以及刘杰副部长、白文治局长的支持和重视。回国后不久该方案得到二机部党组的同意。1959 年初开始设计 49－2 工程，1964 年建成。刘杰副部长还十分幽默地称这项建设是“骑驴找马”，等有条件了再建造大功率高性能燃料元件堆（即后来于 1980 年建成的 49－3 高通量工程试验堆）。

## （四）重回原子能所

访苏结束后，二机部设计院正式开始潜艇核动力的研究，提出了一个初步方案，列出 126 项需攻关的尖端项目清单。如果说前面的几个月工作是“纸上谈兵”，那么后续工作的重点就是如何落实，同时继续“纸上谈兵”。由于当时生产堆设计时间紧张，经二机部讨论决定，原子能所集中精力搞潜艇核动力堆，而设计院集中精力搞生产堆。于是，1959 年 2 月，潜艇核动力研究设计小组从设计院划归原子能所，赵仁恺再次回到了他迈入核工业大门的起点。此时的设计小组已经由成立之初的 18 人增加到 48 人，其中来自原子能所有 12 人，来自哈尔滨军事工程学院 19 人，还有航空工业部第五研究设计院的 17 人。

为了协助潜艇核动力研究设计组尽快打开局面，让赵仁恺等四十余人早日进入反应堆设计阶段，二机部指定原子能所副所长李毅为作为项目的负责人，并

要求原子能所从组织和人力上加强潜艇反应堆工程力量。为此，李毅副所长将设计组人员整体编入承担潜艇核动力堆任务的十二室（时任室主任是中国著名反应堆专家连培生，副主任是屈智潜和孟戈非）。这次调整后的十二室共包括五个组，第一组为热工水力组，第二组为元件堆组、第三组为快堆组，第四组为自动控制组，第五组为潜艇核动力组。其中，赵仁恺为第五组的大组长，李乐福为副大组长，王廷夫为支部书记。将潜艇核动力研究设计组整体编入十二室，为该组获得更多技术支持提供了体制保障，为相关工作的开展提供了有力支撑。

李毅副所长对再次回到原子能所的赵仁恺说："年轻人，努力地干，原子能所就要在突出能字上做出贡献，我这个后勤部长已为你搭好了十二室第五大组这个舞台了，在重水堆大厅的背后，这座二层楼的房子僻静，保密性也强，一楼就交给你们，还需要什么？有啥困难，说一下就行，我要人给人，要物有物！小赵，好好干，争取早日闯出一条发展核反应堆工程的路来。"李毅副所长的一席话，不仅令赵仁恺十分感动与感激，而且使他浑身充满了大展宏图的干劲。许多年以后，赵仁恺跟人说起当年潜艇核动力的研发，都不忘记提起李毅："潜艇核动力研发，我们设计组是'龙头'，但原子能所的李毅才是真正的'元帅'，他是调动所里所有的资源为反应堆设计服务。"

当时，十二室第五大组内设有十多个专业组，专

业组正副组长包括了韩铎、周永茂、李春槐、蒋滨森、潘系人、李乐福（兼）、唐全福、赵善德等一批技术专家。后来，为了进一步增强改组的技术力量，组织委派哈尔滨军事工程学院朱起鹤、王渭芳等教授带领的20余名教职人员与学员加入到第五组，参加研究设计。这样一来，第五组便成了名副其实“第五大组”。

对于当年的情况，有人开玩笑说，第五大组就像是个菜园子，一个种核的菜园子，他们大家来学习，学习就是在菜园子里的“种菜人”。当时来“种菜”的人有很多，一机部、四院、清华大学的都有，加上第五组原有的人员，至1959年4月，第五组这个“核菜园子”就有210余人，成为核潜艇研究体系中最大的专业组。

在这批朝气蓬勃、无所畏惧、勇往直前的科技人员中，赵仁恺的年龄最大，但也只有35岁。除哈尔滨军事工程学院和航空工业部第五研究设计院派来的一批年轻教师和科技人员外，其余全是年轻的大学毕业生。这真是一批不怕虎的初生牛犊，也是中国潜艇核动力的希望所在！

当时正是“大跃进”和“突出政治”的时代，政治学习和政治运动天天不断，但第五大组的两百余人，除了星期六的政治学习和重要传达必须参加外，一般的政治活动都免于参加。全部时间都投入到轰轰烈烈的业务学习运动中。这种特殊情况在那个政治挂帅的年代，可谓独树一帜，这都源自李毅副所长的支持。

为了弥补因政治学习而耽误的业务工作和业务学习进度，第五大组的同志也和全所一样，放弃了八小时工作制和周日休息，除了必要的睡眠时间外，全部时间都投入到紧张的业务学习和繁忙的工作中去。

1959 年，全国的经济困难迹象开始暴露出来，大家的伙食很差，经常吃粗粮还不算，油和蔬菜也很少，至于肉食更是少见。正如鲁迅形容他自己一样，简直像奶牛一样，吃的是草，挤出来的却是奶汁。

虽然如此劳累和辛苦，却没有听到谁有怨言。赵仁恺后来在一篇回忆文章中写道："我们参加到刚组建的潜艇核动力研究设计工作后，认识到任务的重要性和艰巨性，都深深领会到这是毛主席交给我们的任务，对我们每一个人来说都是最大的光荣，决心不辜负党和人民的信任，为毛主席争光，为全国人民争气！要发扬延安革命传统精神，艰苦奋斗，自力更生，不怕困难，奋发图强。要坚持实事求是的科学态度，在战略上藐视困难，在战术上重视困难。我们坚信，有二机部、党中央强有力的领导，有全国人民的大力支持，有全国最优秀的原子能科学家和全国有关单位的大力协同，我们就一定能克服一切困难，胜利完成任务。"

# 第八章　潜艇核动力设计入门

参加潜艇核研究设计的工作人员，除了个别同志外，绝大多数都是从各个专业转过来的，为了完成核动力的研究设计就必须从头学起。赵仁恺带领大家从最基础的开始，艰难入门，随着知识的积累，接触的问题越来越多，越来越深，对核动力设计的认识也越来越成熟。

## （一）入门攻坚战

众所周知，常规动力的潜艇往往续航能力有限，而装备核动力装置后，将使得潜艇的续航力、自持力、深潜、高速、隐蔽性和机动性能得到很大的提高。在海军装备中，无论是战略层面还是战术层面，核潜艇都是举足轻重的现代化战略武器装备。

当时，世界上只有美国刚刚研制成功核潜艇，所有技术资料毫无疑问是高度保密的。而核能反应堆应用也只有美国刚刚建成的“希平港”核电厂和苏联“奥布宁斯克”核电厂以及后来美国的“萨瓦纳”核商船、苏联的“列宁”号破冰船，可供参考的资料很少。而且，早在 1957 年 10 月中苏进行国防新技术协定谈判时，苏联就明确拒绝向我国提供研制核潜艇的任何资料。核潜艇到底是什么样子，参研人员，包括赵仁恺这些专业骨干，谁不知道，谁也没见过。何况即便是常规潜艇，中国当时也还在研制中。一无经验、二无参考、三无人员，潜艇核动力装置研究设计组组长赵仁恺开展核潜艇核动力研究设计遇到前所未有的巨大困难。

如何尽快组织第五组的人员开展设计工作，赵仁恺冥思苦想，他考虑到相关人员大多是半路出家，理论底子薄，决定采取边学边练的方式开展工作。

说干就干，时间不等人。赵仁恺组织第五大组开展了专业学习，把美国格拉斯登的《原子核反应堆工程原理》和苏联的《原子核动力装置》两本书作为必修课。考虑到大家基础薄弱，就请组内几位有研究能力、水平较高、有专长的同志担任教员。每本书都由专人负责，制订学习计划，每月完成一定学时。不仅有授课，有讨论，每学完一部分还要进行测验，目的是使大家对反应堆基本理论和知识都能掌握、搞懂。此外，各个专业组还根据本专业的需要，请本组内或组外有专业基础的同志开辟专题讲座。

为了进一步检验学习成果，进行“练兵”，赵仁恺组织开展了探索设计。如何开展探索设计？既没有可以参考的案例，又没有外援，时间紧迫，赵仁恺经过反复思考，决定要摸着石头过河——先选中反应堆的堆型，把住反应堆设计这个牛鼻子。

赵仁恺组织相关人员跑遍了北京市内的图书馆，查阅有关的科研院所、高等院校有关的资料。从当时一些公开的图片和资料中了解到有压水堆、重水堆、高温气冷堆等堆型，究竟哪种堆型适合动力堆，而且适合中国国情呢？他和大家在分析对比中采用排除法逐项排除，最后确定中国的潜艇核动力装置采用压水堆方案。大方向的确定，为进一步形成框架、突破重点、建立系统、统筹布局、综合设计奠定了根基，避免了后续走弯路。

随后，赵仁恺组织大家聚精会神，群策群力，重点开展压水堆资料的调研和搜集。对于这项尖端技术，国外完全对我国进行技术封锁，连签署过中苏友好协议的苏联在核潜艇技术上也是保持着沉默和拒援。可用的资料和图片廖廖无几，这场科研设计之前的入门攻坚战的难度可想而知。

根据原子能所对压水型反应堆各专业的分工协作，赵仁恺将主要科研和设计力量放在第五大组内的物理、屏蔽、结构力学、材料、水化学等专业。早期的设计工作没有压水型动力堆型可供参考，他们边干边学，缺什么就补什么。找到的一些资料，也因为材质与印刷质量，不得不用显微卡，印制放大资料太费钱，就用修钟表的放大镜，凑在显微卡上读；没有复制设备，就用手抄写；没有电动计算机就用手摇计算机，计算一个方案动辄计算机要不停地摇一个月，有人开玩笑说，搞不了体力劳动就搞不了智力劳动。

虽然条件很差，但在赵仁恺的带领下，大家热情高亢，不叫苦、不怕累，夜以继日，努力拼搏。办公室每晚都是灯火通明，大家一般都是晚上十一点以后才回宿舍，而第二天早晨七点又都出现在办公室；他们遵守纪律，严格保密，集体战斗。自学、互学，请科学家当老师，开讲座，听讲课，那种奋发图强、废寝忘食，为了出成果、出人才，战斗中成长的日日夜夜，让赵仁恺终身难忘。

图 8-1　赵仁恺随身携带的计算尺

赵仁恺他们在调研中认识到反应堆物理设计是工程设计中关键的关键，必须首先突破，才能摸到核裂变的脉搏，才能找到可控核裂变的钥匙。就像中医中的摸脉和看相，诊断病情，对症下药。只有尽快地摸准物理能转变为热能的机理，才能逐步理清反应堆中的各系统专业的关系。在忘我寻找科研和设计突破方向的过程中，可谓是面对千难万险不屈不挠、不畏挫折迎难而上、锲而不舍只争朝夕地攀登潜艇核动力这座高峰。

反应堆涉及物理、热工、结构、屏蔽、控制等子系统的方案和设计，为了充分汲取每个人的智慧，最大限度地发现问题，提高探索设计的科学性，赵仁恺

在组内充分推行技术民主。在组内，各种方案和各种参数的设计几乎都是采取提问的方式进行充分的民主讨论来确定。先是某个单项，再从单项到系统，再将系统合成，完成由物理裂变到热工之间的转换。在充分讨论的状况下，一系列需要解决的问题相继被提出，为后续开展设计提供了指引。后来，在回忆这段时光时，有人说：早期的第五大组在讨论一些问题时的情景就像是在菜市场，就一些方案和参数讨价还价地找到合理、双方都能接受的“价位”上。

这些问题都相当尖锐，观点不同的人之间往往争论得面红耳赤，但最终往往失败的人认识到错误后也会欣然接受。在摸着石头过河的过程中，这种讨论既合情合理也十分必要。也正是这种广泛而深入的讨论，使各种可能的问题都暴露出来，这些问题都汇总在赵仁恺的脑海里，他一遍又一遍地进行梳理、思考，一个也不放过！

## （二）冰山一角

经过一段时间的实践和深入的思考，赵仁恺发现，第五大组所调研和掌握的，不过是核潜艇的冰山一角。比如要加快核物理计算，就必须采用计算速度快、容量大的计算工具；要验证设计参数，就要先开展零功率堆建设；另外，热工设计中的许多参数也必须建造

热工台架进行试验。还有，由于潜艇核动力是服务于潜艇设计，潜艇核动力设计中的主方案和主参数必须与核潜艇主方案和主参数相匹配。在设计过程中可能因为二者不匹配而需要调整后重新设计，设计好后，才能将设备材料、仪器仪表等研制项目进行梳理，向分布在全国二十多个省市的有关工业材料制造厂、院、所及高等院校布置研制任务，并探讨协调方式和方法。

随着设计工作的全面铺开，此时的核动力研究设计负责人赵仁恺更加深刻地意识到任务的艰巨，潜艇核动力研究设计绝非一日一时之功，绝非一个第五大组、十二室、原子能所乃至二机部能够独立完成的，需要全国各行各业大力协同，才能推动该项工作。因为潜艇是巨大的系统工程，核动力装置是这个工程中最关键的系统工程，这项工程涉及物理、热工、自动控制、化学、材料等十多个专业和学科交叉集合，是科学与技术、工程与管理的综合体。它需要每个人都充分发挥出自己的聪明才智，还要将所有人的智慧充分地集中起来；与此同时还需要充分调动各专业学科的所属单位和部门的积极性与团结协作，并且还必须有统一指挥、统筹协调的组织机构。

面对远超预期的压力，他没有退缩，党中央、毛主席的号召在心间翻腾，刘杰副部长、李毅副所长的话还响彻在耳边，他心中下定决心，哪怕有再多困难，也要咬紧牙关、迎难而上，拼上性命也要完成党中央、

毛主席的交付的任务。

赵仁恺将工程设计、科学研究与工程管理中亟待解决，尚需上级支持和解决的问题和办法，书面上报原子能所和二机部。

二机部党组经过研究，对此予以全力支持。1959年的4月，原子能所体制大调整，将各个研究室分成三条战线：物理线、化学线、堆工线。其中，划归堆工线的有十二室、101室、四室的堆理论部分、六室的堆材料、十三室的核电子学部分，以及材料堆室和反应堆战线有关的科研人员约有八百余人，当时堆工线还请科学家彭桓武担任科学顾问。反应堆的各个专业可谓门类齐全了。

领导机关的全力支持极大地鼓舞了赵仁恺，他一方面积极参与到相关工作中去，参与组织协调、工程管理并参与解决技术问题，另一方面他进行了更加深入的思考，为后续设计夯实基础。这些早期的探索工作与组织协调、工程管理和技术问题都沉淀在他的脑海中，使他对潜艇核动力各个方面的问题都了如指掌，清晰地了解其中可能存在的问题，他沉着而冷静地思考，归集难题，力争取得突破。

## （三）理清问题，逐个突破

在开展技术攻关的过程中，针对核动力研制的难度，赵仁恺从指导思想上提出遵循“在战略上藐视，在战术上重视”“科学求实”的精神，“扎扎实实，一步一个脚印”地从单项试验开始，逐步冲向了可控核裂变的前沿。随着工作的深入，研制工作困难重重，协作试制工作千头万绪，作为核动力设计负责人、组织者，他认识到自己必须要有统帅全局的头脑和魄力，认识到要在有限的时间里完成研发潜艇核动力装置，一定要主次分明，理清主要矛盾。于是，他提出首先应从物理和热工结构上选定适用于潜艇核动力反应堆的最佳堆型，根据反应堆功率大小，确定燃料元件的铀富集量、元件包壳材料；突破核物理在堆芯布置的计算和提出各项零功率试验计划。而拟出主方案和主参数，提出堆芯构件、堆控制方案，明确一回路材料和设备的研制方向，进行试制项目研制的统筹安排与计划布置，这是关键。

随着技术攻关工作的深入和问题的不断提出，对核动力的理解越来越深入，由此及彼，举一反三，又引出更多的问题，到 1959 年底，赵仁恺居然在日记本上梳理了 1500 多个技术问题。在其后的两个多月，他又先后组织了两次方案论证和方案汇审。

在赵仁恺的带领下，大家攻关热情高涨，都全神贯注地战斗在一线。随着规划设计工作的深入，在连培生和孟戈非领导下的堆工线也遥相呼应，全面出击，由于各方面的共同努力，集中优势兵力打局部和项目上的歼灭战役此起彼伏，捷报频传，许多重点项目和关键问题都在迎刃而解，如堆芯燃料元件材料选定为锆材，堆控制棒材料银铟镉与铪的选择确定，为反应堆控制方案及其系统方案的规划与材料、设备攻关的布署，都赢得了宝贵的时间和空间。在提出的重点试验和实验项目中，许多当时还没有条件去做，但在科研设计上他们就以假设的课题进行攻关。

核动力装置各个系统和各个回路的设计都紧锣密鼓、如火如荼地开展攻关，攻关的阵容波澜壮阔，攻关的热浪一波又一波地在原子能所内“坨里”掀起。大家都动脑筋，想办法提出问题、解决问题，众志成城。为了充分调动“堆工线”外其他科室、组人员参与这项工程设计与科研的积极性，更大范围地集思广益，开展技术民主讨论，在李毅副所长“要人给人，要物给物，一路绿灯”的支持下，六室材料组李林、十二室材料试验堆沈俊雄，自动控制组吕德贤，热工水力组梁宝庭、李蔚芳、李炳书等二十余名各专业骨干也参加进来。为听取意见和培养新人，他还邀请了哈尔滨军事工程学院朱起鹤、王渭芳、曹昌佑等教授和前来“种菜”的 20 余名师生。

他们聚在一起，讨论重点是对核动力装置与艇总体、堆芯结构设计与材料和设备选型，以及总体与一回路、二回路等组成部分之间的制约关系进行综合协调平衡等。当时的口号是，人人都要为主方案、主参数设计动脑筋、提设想、搞调研、计算分析设计，在此基础上赵仁恺马不停蹄，多方奔走，协调艇总体设计，项目和课题合作进展，请所内像彭桓武、戴传曾、黄祖洽、何泽慧等专家进行核动力装置设计会诊。听取他们的意见后，再进行深入研究，制订出堆结构、一回路、压力容器和燃料元件包壳材料以及堆物理、热工计算、减温减压、减震消声、蒸汽除湿等 14 项尖端技术和 65 个关键项自的攻关计划。根据这个初步的计划，他又带领这些关键材料、项目和设备到一机部、冶金部、四机部、化工部、中科院、其他相关科研院所、高校进行试制技术与研制合作交底。

在原子能所内，赵仁恺组织韩铎、孟希哲等人对物理计算展开持续的攻关，当时设计人员每人一把计算尺外就是手摇机械计算机。由于计算工具和试验设施的限制，计算速度很慢，影响了核动力装置反应堆堆芯结构等的设计。

为此赵仁恺向电子计算机研究所提出援助与协作，在安排了物理计算的同时，还向原子能所提出加快零功率、临界热流密度等试验任务。他常到计算所看望韩铎、周明生等人，他们加班加点在房间计算。他非

常钦佩韩铎等人使用几台手摇计算机计验证搜集到的49种物理计算方法，手摇计算机进度慢，为赶上进度，韩铎等十余人就轮流上阵，做到人停机不停。大家的手磨出了泡、流出了血，包扎后仍然上机摇啊摇。这一幕幕，看得他心酸，看得他心疼！但又没办法，当时计算工具极其落后，这么做也是无奈之举，为了完成党中央交付的任务，这些困难只能努力克服。

在堆芯元件的形状、芯块、材料的探讨中，专家们对提出的几种方案进行论证，对元件形状，不少人建议采用板状元件方案，但该方案经反应堆结构力学负责人张春江等人在中国科学院用模拟实验方法对双流程活性区底板的强度和变形进行研究分析，证实其结构强度不够，满足不了活性区重量和热负荷的要求，从而否定了有导流板的底板结构。接着用夹层结构新方案论证了合理性，对元件盒的变形影响进行分析认为夹层结构底板方案可行，对二氧化铀燃料片的热应力和热变形进行计算和分析，研究成果证实了板状元件尚需物理、热工上的种种试验证明，专家们同意采纳棒状元件。

为了论证其科学性，赵仁恺组织人员采取蚂蚁啃骨头的精神，对两种不同形状的元件有关的物理中子峰、比功率、水铀比、控制反应、材料结构、热工特性等逐项进行深入计算分析研究确定，认为采用棒状元件制造容易。且铀-235富集度小，避免了与原子弹

争高浓铀的麻烦。接着对燃料组件芯块研究成果和燃料元件包壳材料的研究进行分析并形成结论。这些由理论和试验结果形成的结论对他们下一步有步骤地展开堆芯其他部件的设计奠定了基础，也打开了他们主方案设计和确定主参数的思维空间。

## （四）从苏联专家处“挤牛奶”

1959 年 4 月，向苏联咨询的 38 个问题反馈回来，其中有 17 条与原方案和科研设计思路相吻合，如选用压水堆双堆、建造模式堆、降低冷却水流量、加大温差、采用棒状元件、锻造压力容器、蒸汽发生器备用等。看完反馈材料，赵仁恺心潮澎拜，不过他很快就产生了疑虑，因为当时中苏关系破裂，已有山雨欲来风满楼之势，苏方援华的原子能科技人员已陆续开始回国，苏方的意见是真诚的吗？是否建造模式堆，这是赵仁恺最为关心的问题。设计建造这样一个 1∶1 模式堆需要多少投入啊！苏联建造了“列宁”号核动力破冰船，那是因为苏联有财力和物质条件，对生活一向节俭的他来说，造模式堆花的经费是天文数字，对此他一定要刨根问底。

为了排除这个困扰，他找到原子能所领导堆工线的孟戈非副主任，道出了他的疑虑。正所谓英雄所见略同，孟戈非当时也为这个而困扰，经赵仁恺这么一

问，他想起了原子能所驻所的苏联专家。“能不能去找一下驻原子能所的科学顾问沃尔比约夫，试探一下，如行就采用提问式的方法！”孟戈非说，并笑称此法为“挤牛奶式”。赵仁恺笑道：“你怎么知道我的担心和忧虑？”孟戈非也笑答：“彼此，彼此”。

一番商量后，赵仁恺理出了准备请教沃尔比约夫的几十条意见和问题。为了更好地准备这次约谈，他们随后找到李毅副所长表达了走访沃尔比约夫的想法，李毅副所长同意他们的意见，提醒他们一定要充分准备好想问什么，尽量“多挤些牛奶”。赵仁恺决定要充分利用这个机会，解开心中诸多的谜团。

双方见面后，孟戈非致了简短的开场白，沃尔比约夫只露出淡淡的笑容，没有否认的表情，也没有特别热情。赵仁恺首先就反应堆设计、建造、运行，以及退役过程中、设计上、试验中要特别注意哪些重要的环节和关键点，尤其是涉及反应堆安全可靠性方面的人员辐射安全和设备安全、空间环境等方面提出问题。沃尔比约夫一面做笔记，一面在思考着。最后赵仁恺才把最关心的问题提出来——建造陆上模式堆是否有必要。

短暂的沉默以后，沃尔比约夫说话了，他态度沉着冷静，胸有成竹，看来他的知识面很广，知道的东西很多。他对赵仁恺提出的问题丝毫没有感到意外，都给予了中肯的回答，对于一些关键性的问题还进行

了比较深入的讨论。这对赵仁恺他们提出的第一个动力堆的方案设计增加了信心。

沃尔比约夫介绍了美国核潜艇的发展状况，对反应堆物理、热工设计中的疑问，以及辐射屏蔽、设备安全等问题，沃尔比约夫指出可通过一系列实验来验证。关于核动力、反应堆的组织和体制问题，沃尔比约夫也做了相应的回答。

沃尔比约夫十分肯定地告诉赵仁恺，在核潜艇反应堆定型前，为了安全可靠起见，必须要先在陆上建造一个“模拟试验堆”即陆上模式堆，按照核潜艇在海上的实际工作情况（如倾斜度、快速升降、压力变化等条件）进行模拟试验。经过一定时间（比如说最少一年时间）的满功率运行，还要模拟各种意外事故，证明它安全、可靠以后，才能定型，再按照原样，成批生产。他指出这不是浪费，而是在避免更大的牺牲和浪费。接着他又对赵仁恺说，美国人还在爱达荷州建造了各种类型的陆上模式堆基地，人们称这个基地为“人造海洋”，他还用铅笔随手画了一张草图。

这次谈话，整整谈了一个下午。当谈话进行到最后，孟戈非突然问沃尔比约夫：“当陆上模式堆完成它的历史使命，定型后，又如何使用最合理？”沃尔比约夫斩钉截铁地回答：“最合理的办法是拆掉！”对此赵仁恺十分不解和愕然——花近亿人民币，完后就拆掉！孟戈非追问道：“改成元件堆行不行？”沃尔比约夫没

有嘲笑孟戈非的外行，而是耐心地对他说："陆上模式堆和元件试验堆是完全不同的两种堆型，设计思路和各种参数也不同，比如中子注量率，元件堆的中子注量率最低应该达到 $1\times10^{15}\,n/cm^2\cdot s$。你们设计的陆上模式堆的中子注量率是多少？"沃尔比约夫把话锋一转，盯着赵仁恺问。

赵仁恺立刻回答："只有 $2.5\times10^{13}\,n/cm^2\cdot s$。"沃尔比约夫斩钉截铁地说："相差两个数量级，那怎么可能改？工具堆和模式堆是完全不同的两种堆型，模式堆是不可能改成元件堆的。元件堆要按照需要重新设计。"

这次与沃尔比约夫的谈话，消除了赵仁恺心中的疑虑。他借此机会还提出了有关反应堆研究设计问题以及核潜艇的运行、装卸料等方面的问题，沃尔比约夫都给予了答复。与沃尔比约夫的这次谈话，进一步提振了赵仁恺的信心。

# 第九章　潜艇核动力装置初步设计草案

毛泽东“核潜艇，一万年也要搞出来”的誓言极大地鼓励了潜艇核动力的设计队伍。赵仁恺他们拿出了中国第一份潜艇核动力装置初步设计草案，后来还根据国内生产实际进行了完善。虽然是诞生于那个“大跃进”的年代，但在以后若干年的实践中，这个方案没有什么大的反复和调整，充分证明了赵仁恺扎实的专业功底和严谨的工作作风。

## （一）启动潜艇核动力装置初步设计

1959 年 9 月，赫鲁晓夫访华，提出了对核潜艇、潜艇联合舰队和与核潜艇有关的超长波电台等建议，意图控制中国。面对这赤裸裸的核讹诈，毛泽东断然拒绝，并发出“核潜艇，一万年也要搞出来”的誓言。这一句掷地有声的话迅速传遍了全国，渗透到核潜艇研制工作的方方面面，成为核潜艇研制过程中最鼓舞士气的一句名言。伟大领袖的坚强决心激起原子能所核知识分子强烈的民族情感和爱国热情。大家心里都憋着一股劲，一定要设计制造中国的“争气艇”。由于有了党中央的高度重视，各级部门的一路绿灯，他们这些设计人员热血沸腾，干劲十足。

当时，二机部提出一切设计都应通过试验。赵仁恺心中充分认识到核潜艇反应堆的设计必须要经过元件试验堆、陆上模式堆、艇用动力堆三步程序的必要性。而这三道程序又需要有多少系统，需要多少人员去攻克？他更加深刻地认识到核潜艇工程是个无比巨大，而且复杂的综合性系统工程，而动力堆就是这个系统工程中最为复杂、综合性最强的系统工程。他将主要问题、次要问题、细节问题进行全面的梳理，深入思考了关于人员、设备、设计计划执行等一系列问题，提出了为推动工作急需解决的问题，例如人员不

足、实验设备缺乏、设备研制困难等问题，再次向二机部进行了专题汇报。

问题逐级反映到聂荣臻元帅那里后，聂帅又组织海军、二机部、一机部、冶金部、化工部、电子部负责人进行研究讨论。聂帅意识到工程研究设计的长期性和复杂性，这些客观存在的一系列困难，都需要举国之力来解决，需要党和政府来统筹规划。

在聂帅的支持下，1960 年 3 月，国防科委召开会议总结一年多来核潜艇的研制工作，修订有关战术技术性能指标和总进度，成立以海军苏振华为组长的核潜艇研制工作领导小组（或称 12 人领导小组，原来的中央四人小组撤销），下设总体组、反应堆组、导弹组合电子设备组，并明确提出核潜艇工程要贯彻“土洋结合，以堆为纲，船、机电、弹紧紧跟上”的方针，千方百计争取提高速度。

随即，二机部采取紧急措施从全国选拔优秀科技人员造血补充，还从原子能事业发展和长远规划要求在全国理工科有关的高等院校增设反应堆专业；而且还在二机部十局增加领导和协调机构。针对零功率堆和热工台架等问题，二机部向原子能所布置和筹建游泳池式堆、零功率堆和一些热工台架，其中于 1960 年先后建成东风 3 号零功率堆和核装置。同期还先后在原子能所建造成功非核热工试验等实验台架。

当时赵仁恺 38 岁，思维活跃、精力充沛、强烈的责任心和使命感驱使着他，他把自己完全融入到神秘的事业中，不分白天和黑夜，加班加点持续战斗在一线。经过一个多月通宵达旦的勤奋工作，他们设计组完成了核潜艇反应堆工程任务书。该任务书对反应堆的性能、功效、工程规模、进度等进行了详细的论述，并在此基础上还向二机部提出了要在核潜艇动力堆建造前先行建造 1∶1 核潜艇陆上模式堆的报告。

1960 年 5 月，二机部刘杰副部长批准该报告。与此同时在原子能所建造的物理零功率堆达到临界，这座装置为后来验证堆物理计算和堆芯布置设计提供了许多有价值的参考数据。

5 月 16 日，二机部党组决定，立即开展潜艇核动力装置初步设计。为了确保按时完成初步设计，在赵仁恺、李乐福的领导下，首先编制了一个统一的综合计划进度表，对反应堆各专业设计的进度要求，相互之间的交叉和衔接都明确地反映在一张很复杂的统一计划的图表中。在这张表上，画了各种颜色的线条，表示各“工种”的交叉衔接的时间和顺序。有了这个统一的计划表以后，大家都按表上各个专业应进行的工作，各行其是、密切配合、有条不紊、循序渐进。

经过一个多月的日夜奋战，调研文献超过 2000 篇，他们于 1960 年 6 月底拿出了一个《潜艇核动力装置初步设计》，随后打字、晒图、装订成册，向党的生日“七一”献礼。《潜艇核动力装置初步设计》包括总

论、反应堆物理设计、热物理和热工设计、自动控制方案设计、屏蔽计算和防护设计、元件的选型计算和设计、堆结构设计、回路设计等内容，有 22 册。另外还有一个核潜艇总图。

回顾整个设计过程，经过了大量的调研分析、探索研究、分析计算、方案论证、筛选试验，他们根据核潜艇工程领导小组提出的“在尖端研究设计中应该贯彻党中央的土法上马、土洋结合，两条腿走路的方针，千方百计地争取高速度，先搞出来，指标要先进，做法要实事求是”的原则，在短短的 22 个月的时间，便完成了核动力装置主方案、主参数的初步设计方案。

赵仁恺后来回忆那段日子时说：“在头三年的艰苦开创时期，经过大量的调查研究、分析计算、方案论证、筛选试验，完成了初步设计草案，迈出了第一步。在此基础上又展开了结合国内科技、工业水平实际的大调研，按国内实际调整了指标和参数后，开展全国大协作，全面推进了研制工作。”

《潜艇核动力装置初步设计》为以后的研究工作发挥了重大的作用，正如后来由李觉、李毅等主编的《当代中国的核工业》一书所评价的：

当时，原子能研究所陆续形成了一支约 200 人的研究设计队伍。他们中大部分是刚从大学毕业不久的年轻人，不仅缺乏经验，基础知识也显得不够。方案又必须从中国当时的科学技术水平和工业基础的实际

出发，这使他们的设计工作又失去了不少自由度。困难是可以想象的。但他们生机勃勃，勤奋好学，在一些较有经验的中年科技骨干的带领下，凭着集体的智慧和力量，经过近两年的努力，于1960年6月提出了《潜艇核动力装置初步设计草案》。该方案设计当时是作为草案上报的，但在后来的实践中没有什么重大的反复，这证明它在总体上是可行的。这就为以后的研制工作打下了良好的基础。

这个现在看来有些难以实现的方案，技术含量高，科学难度大，参数有些偏高。客观地说，这些未充分考虑工业水平的设计与“大跃进”的时代背景密不可分，是时代的写照之一。当时设计时间和进度要求很紧，他们来不及了解国内工业制造业的现状，也不了解科学研究的水平。在这种前提下，能够提出一个这样的方案，使中国第一批核潜艇核动力研究设计人员经历了从一无所知到全面了解、由一无所有到形成方案、由不知深浅到基本摸底的开拓性的锻炼过程。考虑到核动力工程是一个多学科、多工种、环环相扣、相互协调、相互配合、反复平衡的系统工程，这种从无到有的探索性的创新工作，基于当时尚未成形的科技保障体系、落后的计算工具和试验设施，其难度难以想象，称其为一项“难以完成的任务”也并不过分。零基础、高要求、高难度、一穷二白，面对这项“难以完成的任务”，赵仁恺和200余名同事不讲条件、知

难而上、穷尽智慧、忘我工作、一往无前、愈战愈勇。

## （二）初步设计草案

1960年7月上旬，在二机部的六楼会议室，赵仁恺带领设计团队向二机部宋任穷部长作了两个半天的汇报。当时前来听汇报的有二机部副部长刘杰、副部长钱三强、原子能所党委书记李毅、原子能所党委委员孟戈非、第二设计院院长冯麟、专家彭桓武、黄祖洽、二机部各有关局的局长，如邓照明、白文治、马正一等。大家听了核潜艇动力装置设计方案，都很受鼓舞。没有想到能在如此短的时间内，在条件很差的情况下，竟能拿出一个有根有据的核潜艇动力堆的“方案设计”来。大家感到：中国人有把握建成自己的核潜艇。这个方案虽仍属“概念设计”，但对潜艇核动力堆型、主要技术参数等有了初步构思，且就建立研究基地和建造陆上模式堆等问题进行了讨论和选点考察，已经不是一个“原则性”的东西了。

时任二机部副部长兼原子能研究所所长的钱三强和二机部领导，看到设计方案后十分高兴。钱三强连说：“有门，有门！”时任二机部部长宋任穷听完汇报甚感欣慰，沉吟片刻道：“这是第一稿，还是留点余地，就叫‘初步设计草案’吧。”

《潜艇核动力装置初步设计草案》（以下简称《草

案》）经十二室和原子能所组织审查，于7月以绝密文件形式上报二机部。上报前，李毅代表所党委对初步设计做了谨慎的说明。报告中说：本工程设计工作到目前为止，基本上所有各项需要试验试制的工作尚未得出初步结果，没有试验依据，有些试验项目工作目前尚无条件进行。因此本“设计草案”仅能认为是依据这一年来在二机部党组领导下从无到有，经过了探索研究，初步的理论计算和考虑到国内实际情况，目前暂定出的一个作为我们自己和与我们合作的各有关单位共同研究讨论的一个“初步草案”，尚不能算作正式的初步设计。

尽管如此，这足以证明我国第一座压水堆潜艇完成了第一步设计，是一个里程碑式的重要节点。虽然还是概念性、探索性的前期设计，但它是“零”的突破。更何况，这个“零”的突破是在20世纪60年代初我国经济困难时期完成的，难度之大可想而知。

当时，物资严格按照计划供给。每个人每月一斤肉、3两油，每人每月粮食定量27斤，一多半是粗粮，副食主要是萝卜和白菜，有时候是咸菜，营养不良导致技术人员体弱多病。赵仁恺曾在笔记中记录到：在少粮缺营养的最困难年月，全组45名骨干中就有27人生病（其中肝炎13人，浮肿14人），占60%，特别是反应堆专业小组，14人中竟然有11人生病，但他们仍然怀着强烈的责任感和使命感坚持工作。他

们正是在这样的条件下，完成了《草案》。在人的温饱都无法保证的时期，他们这种忘我工作、不惜一切代价按时完成任务的精神值得我们每一个人敬仰！也恰恰是这种精神推动了我国核潜艇事业的艰难起步。

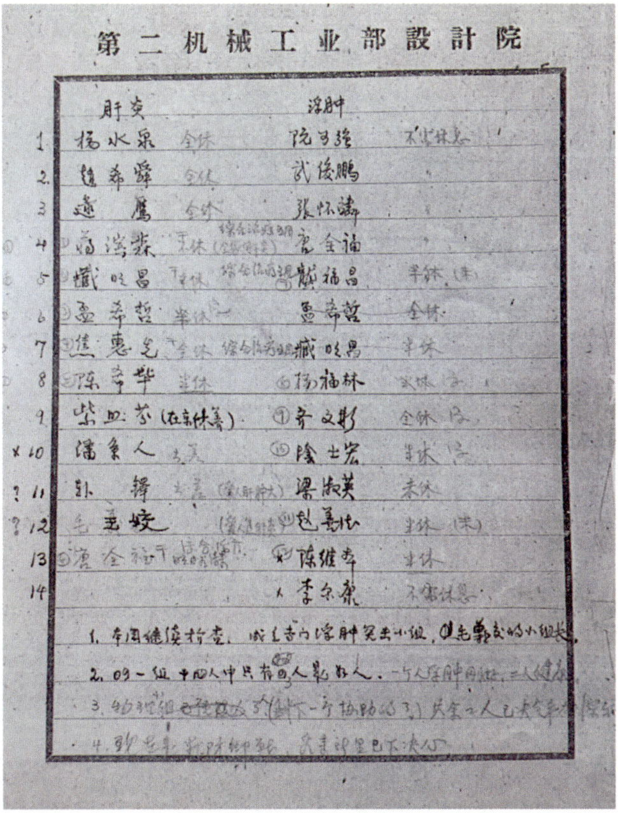
第二机械工业部設計院

图 9-1　赵仁恺保存的生病人员名单复印件

## （三）完善方案参数

1960 年 7 月 29 日，国防科委组织海军、二机部、冶金部、一机部等部门的领导和专家对《草案》进行论证，赵仁恺作为主要技术负责人，回答了有关疑问。与会专家讨论认为，探索研究摸上了路，理论上也入了门，由于受试验条件和计算工具的限制，尚缺试验验证，此外，方案中提出的一些设备指标过高，其制造工艺和能力与目前国内科学和工业制造能力存在差距，因此提出了对《草案》进行修改的意见。

1960 年 10 月，核潜艇工程领导小组认为，研究设计应落实在我国现有科研与工业水平的基础上，应根据《草案》的初步设计，进一步开展全国科研和工业水平的大调查，根据调查结果，重新协调参数、修正设计、落实任务，最终开展全国大协作。

11 月，赵仁恺及相关人员再次与海军造船研究室相关人员进行了深入的研究分析，认为一回路采用的压力过高，除装置设备和系统密封问题难以解决外，还增加了二回路布置的复杂性，如降低些压力，反应堆及其一回路的设备制造虽有难度，但现实可行。

针对主方案主参数中的一些指标过高、与国家现有工业制造能力不匹配的矛盾，以及一些材料按照国家现有生产能力无法制造等存在的问题，赵仁恺也曾

对自己的主方案和主参数确定产生了怀疑和困惑。他是科学研究者、工程设计者，更是一名中国共产党党员，共产党员应该实事求是，这与科学研究和工程设计不矛盾，科学研究和工程设计也应遵循社会发展的客观规律。

当时每周政治学习是每一个共产党员的必修课。担任一回路系统设计的支部书记李乐福，也在为工程设计中的挫折而苦恼，他找到赵仁恺，诉说了心中的疑虑，说这些矛盾将影响工程设计进度。李乐福充分分析了各系统设备与材料的矛盾、设备与制造的困难程度。赵仁恺耐心而细致地听他讲，最后表态说，矛盾是很多，但大家不要急，找个时间坐下来认真分析研究一下，总会找到解决的途径。他们充分利周六的政治学习时间，重温《毛泽东选集》，通过集中组织大家学《矛盾论》和《实践论》，启发大家如何解决眼前的难题。

这两篇文章对于正处在矛盾中的赵仁恺他们这支队伍来讲，不啻是及时雨。毛泽东同志在他的《矛盾论》著作中有这么一段话："在复杂的事物发展过程中，有许多矛盾存在，其中必有一种是主要的矛盾，由于它的存在与发展，规定或影响着其他矛盾的存在和发展。""捉住这个主要矛盾，一切问题就迎刃而解了。"这不仅在社会分析中适用，而且对科学研究和系统工程设计来讲也是十分重要的方法论。

毛主席的这段论述，使李乐福茅塞顿开，心里头敞亮了许多。多年后，李乐福还给人讲："赵总师是一个崇尚科学，又讲实事求是的工程师，他对人谦和，从不见他跟人急，你若有事找他，他总是首先向你提出许多问题，启发你思考，引导你的思路，畅所欲言你的见解，然后再跟你讨论，寻找解决的依据，找到解决的办法和措施。"

核动力装置设计对核潜艇总体而言，不仅是系统工程与系统工程的研究设计与匹配，不仅是试验研究与理论相结合等普遍的工作矛盾，而且还存在许多设计与现实的工业制造、材料科学、设备制造能力等种种矛盾。几者相比，国情与国力是主要矛盾，因为再漂亮的方案，没有能力去造出来，只能是纸上谈兵，永远是图纸。必须要将图纸变成设备、仪器、仪表，并让它们组合起来，将每个系统都串联起来，建造成核潜艇，只有这样才能不负使命，不辜负党和人民的嘱托。

大家在充分认识到这一点的基础上，统一了思想，找到了目标。他们决定要紧紧抓住当前这个主要矛盾进行分门别类研究分析。经过分析，认为目前的设计一定要通过工业制造等国情调研后，才能再做出既实事求是，又有科技含量的方案。为了做出新方案，遵循分析主要矛盾的思路，赵仁恺决定带领设计人员踏踏实实地走到一线，面向工厂、科研院所进行实地调

研和实践，从中发现问题，解决矛盾。

1961年3月，国防科委再次组织讨论，与会的核潜艇工程领导小组组长苏振华在综合各部、科研院所意见后，要求设计人员要从国情出发，既要解放思想，革新创造，又要反对好高骛远，片面求全求新，目前应集中突破反应堆理论和试验技术难关，要抓关键，抓特点，边试验、边研究、边设计、边试制，设计工作要面向工厂、科研院所，还要调研艇上实际情况。在摸清我国工业基础、生产能力和科学技术水平后，再拿出符合国情又具有科学先进性的潜艇核动力装置主方案和主参数。会后，苏振华还专门找到赵仁恺，鼓励他继续深入地开展下一步工作，在“调查，调整，定案，落实”的精神指导下，再提出核动力装置主方案和主参数设计。根据苏政委提出的八字方针，二机部很快就组成以孟戈非为组长，赵仁恺为技术负责人的调研组分赴东北、华东、中南、华中等工业地区的材料、设备生产厂所开展调研。

1961年4月，赵仁恺带领金文悌、刁温堂以及钢铁研究院负责人一行首先调研了承担压力容器钢材研制情况。压力容器是潜艇核动力装置的关键设备，因其容纳反应堆堆芯和冷却剂与慢化剂，并处于高温高压水和受到快中子轰击与射线辐照的严酷工作环境，因此压力容器的材质、结构和制造要求极高。北满钢厂的科技人员和工人自1959年底接到试制压力容器母

材任务后，已冶炼出Ⅰ型钢材，并正在向Ⅱ型提炼。

当时正值三年自然灾害时期，许多工人都吃不饱饭，还要持续高强度的体力劳动。赵仁恺在车间里亲眼看到工人们拖着浮肿的腿还坚持在炼钢炉前挥动着钢搅棍，汗水布满蜡黄的脸上，他心疼极了。自然灾害、苏联撤走专家等一系列天灾人祸，使得工人们忍饥挨饿地坚持工作。这种忘我工作的精神令他十分感动。赵仁恺在全面了解试制情况、认真听取他们今后试制冶炼的目标后，对他们的工作给予了充分肯定。

为鼓励大家再接再励拿出高性能钢，赵仁恺对大家说，你们炼的钢是核潜艇装心脏用的材料，你们的付出是在为国防建设作贡献，毛主席已下定“核潜艇，一万年也要搞出来”的决心，我们大家一定要勒紧腰带，炼出“争气钢”。赵仁恺的话像冬日的暖阳鼓舞着北满钢厂科技人员和工人们，极大地提振了他们攻关的信心。后来，在1966年9月核潜艇工程重新上马时，压力容器用材终于被成功地冶炼出来。

离开北满钢厂，赵仁恺又带领其他专业技术人员马不停蹄地赶到富拉尔基厂（即现在的一重厂），调研压力容器的锻造能力。该厂的锻造能力着实令他们感到担忧，工厂的制造设备很多还停在“日满”时期留下的技术设备上。随后，他们又分头带任务辗转到哈尔滨锅炉厂、哈尔滨电机厂、沈阳电机厂、上海汽轮机厂、武汉锅炉厂和包头元件厂分别对主泵、蒸汽发

生器、稳压器、反应堆控制系统、反应堆控制棒及可燃毒物管等进行深入调查研究。

完成大调查后，赵仁恺来不及抖去一路风尘，立即组织设计人员投入到对《草案》主方案、主参数的调整设计中。

饥饿笼罩着全国，原子能所也不能幸免。不少同志因饥饿腿脚浮肿，面黄肌瘦，赵仁恺自己也因心脏不好在外出调研途中发病。为了不被同事们发现，他悄无声息地服药，若无其事地和大家一起工作，始终坚持冲在最前线。面对艰难的生活和工作的艰辛，他号召大家一定要坚持、坚持、再坚持！要以大无畏精神，勒紧裤腰带，克服一切困难，完成核潜艇动力装置的新方案设计。

又通过一个多月的艰苦努力，他们终于在1961年秋重新制定了《核潜艇动力装置工程设计任务书》。该任务书中调整了一回路工作压力，双堆改为单堆，棒状元件也扩大了直径，重新制定了反应堆功率等主要参数。

赵仁恺还对工程进度进行了三个阶段的安排，第一阶段设计是以核动力为中心，以试验研究为主要内容，突破技术关，完成陆上模式堆的设计与核潜艇堆的初步设计和技术设计，工业部门把好工艺关，完成模式堆的材料设备试制。第二阶段，要以建成陆上模式堆为中心内容，完成核潜艇首艇的施工设计。第三

阶段，建造首制核潜艇。他还提出了400余项攻关的项目和课题，上报国防科委。该方案兼顾了工业制造能力与科学技术能力，同时顺应了工程的高技术含量，为我国自主设计和建造核潜艇奠定了坚实基础，为核潜艇工程上马创造了条件。

正当赵仁恺踌躇满志为核潜艇工程做准备时，上级下达命令，让他把手头的事情放一放，去参加大漠深处的生产堆建设。这对赵仁恺而言，不啻是晴天霹雳一般。

# 第十章　参加生产堆一线建设

就在核潜艇工程即将由蓝图变为实物的时候，中央对国民经济施行了“调整，巩固，充实，提高”的八字方针，其中以“调整”为中心，核潜艇工程暂时“下马”，赵仁恺离开奋战了三年的潜艇核动力领域，被安排参加军用生产堆建设。

## （一）刘杰副部长的无奈

连续三年的自然灾害，加上苏联取消所有技术援助，撤走技术专家，以及给“两弹”让路等原因，1961年国家对尖端武器研发方针进行了调整，其中核潜艇就属于被调整之列。二机部开始对核潜艇科技人员进行缩减，一部分人员被抽调去支援“一线”，即核燃料、军用生产堆及原子弹战线。

1961年秋，连时任原子能所堆工线负责人的孟戈非和潜艇核动力设计组组长的赵仁恺这两名搞核潜艇的骨干人物也被调到设计院加强原子弹的研制了。二机部只保留一支四十余人的队伍重点突破核动力技术关，并在原子能所成立47－1室，由彭士禄代主任负责该项工程的继续研究设计。

赵仁恺的调动是刘杰部长亲自点将的，让赵仁恺去设计院参加生产堆的设计工作，担任副总设计师，而留在原子能所的人员仍由赵仁恺任组长，两边兼顾。

从1958年秋开始进入原子能所开展核潜艇设计工作，到现在已有三年，赵仁恺在核潜艇设计工作花费了巨大心血，拿出了一份初步草案，并且经过完善，眼看就要把蓝图变为现实了，却被告知要放弃这一切，任谁都想不通啊。多少次查阅文献寻找线索，多少次讨论会上的唇枪舌战，多少次在深夜描绘图纸，怎么能说丢下就丢下呢？

赵仁恺带着满脑子的问题找到刘杰部长，还没开口，刘部长早已明白他的疑惑，笑着对他说："年轻人不要背包袱，现在中央要听'爆炸'声，军用生产堆更需要你去！"赵仁恺沉默不语，刘部长意味深长地拍着他的肩膀说："小赵，你以为我愿意放你去？我也舍不得核潜艇，中央军委领导朱德、陈毅、刘伯承、徐向前等老帅更舍不得放弃核潜艇，但是苏联撤走专家，国家要还债，国家困难啊！人民在忍饥挨饿，仅有的只是这点举国之力，好钢只能先放在原子弹的刀刃上！这不，还保留着一支常流水、不断线、少而精的队伍，条件成熟了还有你干的！"

刘杰部长一席话，饱含着对核潜艇的感情，语重心长，也弦外有音，竟让赵仁恺无言以对。面对经过3年多夜以继日、马不停蹄、反复修改才形成的任务书，如同面对襁褓中的孩子，赵仁恺心中实在难以割舍。但他是党员，党员必须无条件服从组织的调遣和安排！就这样，赵仁恺暂时离开了原子能所潜艇核动力设计的工作，为了完成组织交付的新任务，乘火车朝着设计和建设军用生产堆的大漠深处前进。

多年以后，赵仁恺回忆起这段经历，感慨地说："我有机会能参与主持我国第一座石墨水冷生产堆的设计、安装、运行全过程，为中国的原子弹事业作出贡献，这是我人生中第三次好机遇！"

## （二）搭档欧阳予

某军用生产堆生产的产品是原子弹爆炸核心部件，是1957年中苏协议中确定由苏方援建项目之一。根据原定协议，生产堆工程由苏联一包到底——包括提供全套设计资料，供应主要设备，指导施工安装和启堆运行，直至拿出合格产品为止。此外，苏联还要协助工厂设计的施工设计，并委派苏联专家在中国进行指导设计。

1958年1月30日，选定了生产堆的厂址。同年4月苏联方面开始生产堆的初步设计。1959年4月21日开始施工设计。1960年3月破土动工，8月挖成堆本体地基，并打成了混凝土底板。

但是，1960年8月苏联专家突然撤走后，情况发生了根本变化。原计划由原苏联供应的500项设备，只到货27项。工程设计资料应有322册，实际只提供了177册。由于缺乏关键部件、材料和设备，如燃料元件、工艺管、主泵、热交换器等的工艺参数，施工设计无法进行，工程被迫停止，甚至整个建设规划都打乱了。赵仁恺后来回忆说："总体的概念给了我们，但图纸并不完全，设备的核心部分需要我们解决，附属的设备也需要我们自己做。"

为了尽快完成生产堆设计任务，赵仁恺与另一位副总设计师欧阳予紧密合作。赵仁恺和欧阳予颇有渊源，在苏联时曾经一同学习，早就相识。这次赵仁恺从原子能所到设计院搞生产堆设计，与欧阳予合作，也是组织深思熟虑后的结果。

他们首先开展了摸底工作，梳理发现了390多个技术问题。所幸的是生产堆的初步设计和反应堆的总说明书已经移交给我方，而且这种生产堆在苏联已经运行多年，安全性可以信赖。在摸底的基础上，赵仁恺和欧阳予一起带领技术人员和工程人员攻坚克难，开展了行之有效的攻关工作，完成了生产堆的主要设计工作。

几年间，他们先后组织开展了反应堆防护层计算、工艺管水力和燃料元件状态试验等试验研究工作。

1962年3月，由一机部和二机部组成生产堆设备领导小组。5月底就安排了516项设备制造任务。1962年8月，由一机部和二机部成立联合设计处，开展设备设计工作。

1962年设计院制定出石墨轻水堆的第一个换料方案。1965年编制出了反应堆设计总说明书。

1963年3月到5月，三机部承担了电子仪器、自动控制仪表及光学仪器的研制任务。

1964年，反应堆工厂成立了反应堆物理启动小组，开始了反应堆启动的准备工作。

1965年10月，核燃料元件厂生产出了反应堆核燃料元件的合格产品。

## （三）萦绕心头的潜艇核动力

出于对核潜艇核动力事业的无比热爱，在设计院和在戈壁的日子里，赵仁恺深切地怀念在原子能所、堆工线上的师长，如对科研工作者嘘寒问暖的李毅，总是精力充沛的孟戈非，还有给队伍兼作政治思想工作的李乐福，以及韩铎、周明生、韩一洽、蒋滨森等人，他们都时常浮现在赵仁恺的脑海里。

赵仁恺调离后，核潜艇工程的研发前景越来越堪忧。二机部为了保证原子弹的研制，缩短战线，打算砍掉47—1室。为此，在1962年5月还专门召开了由钱三强副部长主持的专家座谈会。原子能所常务副所长李毅、科学家彭桓武、符德璠、赵仁恺、彭士禄、李乐福、韩铎等参加了座谈会。

会上，钱三强强调，中央决定要调整国民经济建设项目，要退够，能不搞的坚决砍掉，陆上模式堆工程现在没条件搞，要拆庙赶和尚，精简的人员充实到别的战线。会上有人表示赞成，赵仁恺作为参会的技术专家，虽然已经离开工程第一线，但他仍然非常关心工程的进展，他说："搞了四五年完成了初步设计，已经组成专业较齐全的科研设计队伍，关键设备正在研制，队伍拆散了太可惜，以后再组建又要从头干，还是以对党负责的态度保留这个基本队伍吧！"

赵仁恺话音刚落，就有人火了，说："同意你的意

见就是对党负责，我们的意见就不是对党负责啦？这是讨论会，不要扣帽子！”会上两方观点都很鲜明，谁也没能说服谁。另一位技术骨干高云鹏说：“大家要冷静，科研队伍人员不多，只有60多人，保留下这个火种对将来建设核潜艇有利，我们要求不高，国家只要发给我们工资和粮票，至于科研经费可以暂时不要，保留下来的科研骨干可以搞调研、搞方案、搞设计、搞计算，等待经济好转了再上马。”最后，这次会议没有什么决议就散会了，但是保留骨干研发力量的观点得到部领导的支持。

后来，在老领导孟戈非的努力下，时任国防科委七院领导的刘华清出面，将研发机构和队伍调整到七院保护起来，47－1室改称七院15所，简称715所。技术人员参军，属于国防科工委编制，不仅授了军衔，还给发了军大衣，不过人还在原子能所工作。

在生产堆的工作之余，赵仁恺的思绪还游移在反应堆物理、热工系统中、元件棒径确定后的验证试验分析上。他还挂念着控制系统中的中子通量测量系统，还惦记着热工控制系统中的测量系统尚需耐高温、高压、抗摇摆等方面的试验，还考虑着主参数中进出口温差所带来的物理变化和热工变化。他惦念着他不在的日子里大家是如何平衡堆芯结构设计的，彭士禄他们现在研制工作进行得怎样，进度如何？反应堆控制系统驱动线结构材料和部件是否安排试制和攻关？锆和铪分离情况是否有进展？这一切都在揪着他的心，

种种牵挂使他心绪波澜起伏。牵挂的心拳拳，思念的情悠悠。

1964年10月16日，随着原子弹在中国大沙漠深处的成功爆炸，全国人民都沉浸在一片欢欣鼓舞和充满自信、自豪的气氛之中，在北京北太平庄“隐居”的〇九同志们也不例外。他们似乎从被遗忘的角落里“醒过来”一样，奔走相告，欢呼雀跃了——原子弹成功了，核潜艇还会远吗？

没错，原子弹爆炸这一成果对核弹以后移植到核潜艇上提供了技术基础，中国制造核潜艇的计划很快又要被提上议事日程。

戈壁滩上的赵仁恺在为原子弹爆炸成功而高兴的同时，继续建造中国核潜艇的愿望更加强烈。这种感情难以压抑，令他倍感煎熬。不过，此时的赵仁恺或许不敢想象，原子弹爆炸后不到一年，他便又回到核潜艇核动力设计这个令他魂牵梦绕的故地，而且他将为之奋斗余生，创造新的奇迹！

# 第十一章　重返核潜艇工程

在核潜艇工程重新“上马”后，赵仁恺风尘仆仆地参与到陆上模式堆的建设中来，与传奇人物彭士禄一起，经过陆上模式堆建设与否大讨论和反应堆布置方式大辩论，为中国核潜艇工程走上科学合理的道路做出重要贡献，也让这两位核潜艇事业的领军人物结下深厚的友谊。

## （一）陆上模式堆建设之争

在中国建造核潜艇的道路上，考虑到当时国家经济困难，而陆上模式堆造价高昂，是否应该建设陆上模式堆这一问题引起了广泛讨论。陆上模式堆是先于核潜艇建在陆地上模拟潜艇实况的试验1∶1核动力装置。它的主要任务是综合测量反应堆物理、热工、动力装置、电气、控制、化学、空调、屏蔽等数据，综合考验潜艇核动力装置和设计，在启堆停堆运行和事故工况下的安全可靠性能，为核潜艇的建造安装调试运行管理开盖卸料及其退役提供参考，为核潜艇部队培训艇员提供技术保障。

1965年8月15日，周恩来主持召开中央专委第十三次会议，研究批准了六机部、二机部《关于原子潜艇陆上模式堆建设地点和协作的报告》，并且明确了三条原则：一是认真执行大力协同的原则；二是立足国内，从现实出发，分两步走，先研制反潜鱼雷核潜艇，然后再搞导弹核潜艇；三是第一艘艇既是试验艇又要在主要战术技术性能上力求配套，可以作为战斗艇交付使用。

由于鱼雷核潜艇的主要技术难点是核动力装置，所以建造模式堆比建造核潜艇更加紧迫。核潜艇的心脏是核动力装置。如前所述，为了研制核潜艇的动力装置，按照1960年提出的方案，赵仁恺等人提出，先

搞一个陆上模式堆进行模拟、定型，再原样复制到核潜艇上去。这个建议引起了极大的争议。

其实，在要不要建造核潜艇陆上模式堆问题上，最初也曾有几种不同意见。一些人认为：建造1∶1核动力模式堆装置“花钱太多，不值得”，只需要建造一些单项模拟装置进行材料考验、人员培训就可以了。以钱三强、赵仁恺、彭士禄为代表的专家们则认为，我国没有反应堆设计和核动力装置试验运行经验，为验证设计、摸索可控核裂变的规律，考验材料设备、培训艇员，必须建设陆上模式堆，它不是任何单项模拟装置能够代替的。

放眼全球，美、苏、英、法等工业基础相当雄厚的国家在建设核潜艇之初，都曾经建设核潜艇陆上模式堆，以推动潜艇核动力的发展，这绝不是没有科学道理的。而且，我们国家建设陆上模式堆并不是盲目照搬外国的做法，而是根据国家的实际情况，按科学规律办事。当时的中国，连常规潜艇都没有制造出来，谁也不敢保证核潜艇就能一步到位，一次就研制成功。如果前期不下大工夫在反应堆试验验证、材料考验，很难保证后期反应堆的使用能安全可靠。退一步讲，人们造辆汽车都需要制作一个真实的样品进行各种验证，更何况是制造高精尖的核潜艇呢！

反对搞模式堆的人认为，增加陆上模式堆不仅使研制经费提高了一倍，而且还会推迟核潜艇下水的进度，还不如直接将反应堆装在艇上试验，试验成功后

就可以交部队作战斗艇使用，岂不多快好省？若不完全成功，经过修改后交部队作训练艇，再经过修改后可作战斗艇，也未尝不可。现在看来，这种观点显然不讲科学实际，一味冒进，但是当时整个社会上都弥漫着“大跃进”和“浮夸风”的倾向，为这种观点拍手叫好的人很多。

赵仁恺一方则坚持称：艇上核动力装置我们没有搞过，技术上百分之百成功没有把握，不经过模式堆进行模拟试验就直接装艇危险性太大。即使基本成功不出大问题，在舰艇上修修改改，换装设备也不现实。模式堆并不只是试验，还是对安装工艺、运行管理流程的预检验。最重要的是只有这样才能保证核潜艇一次性建造成功。同时，还等于建了一座核动力装置试验堆，以培训技术工人和艇上人员。

最终，这两种方案直接报到聂帅和周总理那里，总理和元帅不是技术专家，但他们得听取多方面的见解后方能决策。

聂荣臻和国防科委领导在认真分析两种不同观点的争鸣后，决定采纳二机部建造陆上模式堆的方案。会后，研制部门根据聂荣臻的指示，又进行了深入讨论，并向中央专委和中央军委正式报告。后来，周总理表了态，为了核动力潜艇一次建造试验成功，必须建造陆上模式堆！这个钱不会白花，是合算的。

为此，中央专委拟定了建堆的原则：保证安全、保证可靠，立足国内、自力更生研制，便于操纵，适

应我海军指战员的科学技术水平，便于维修和换料等内容。

我国第一颗原子弹爆炸成功后，随着中共中央以“调整、巩固、充实、提高”方针为中心的各项政策的落实，三年自然灾害和“大跃进”的影响逐渐淡去，国民经济形势初步好转。随之，国家科研经费和基建经费有了增加。

1965 年 3 月 13 日，二机部、六机部党组联合向中央专委写了《关于原子能潜艇动力工程研究所领导关系的请示报告》。3 月 20 日，周恩来主持召开了以总结原子弹研制经验为主要议题的中央专委第十一次会议。会上，研究批准了《关于原子能潜艇动力工程研究所领导关系的请示报告》，决定全面展开核潜艇工程研制工作，并要求二机部负责在 1970 年建成与核潜艇 1∶1 的陆上模式堆，担当潜艇核动力装置的“前驱”，争取在 1971 年核潜艇下水。即使在科技和生产力如此发达的今天，这个时间表也是非常紧迫的，更何况是那个连温饱都成问题的年代。工程师们要将“09 初步设计”完善成“扩初设计”和“施工设计”，需要列出不计其数的设备参数、设计要求、图纸和说明书。

## （二）反应堆布置方案之争

二机部没有忘记远在戈壁、最早承担核动力装置

设计的赵仁恺，而赵仁恺也时刻惦念着核潜艇核动力。中共中央专门委员会再度批准核潜艇工程研制上马后，二机部立即发电报将赵仁恺调回。此时的他才知道，命运多舛的核动力装置终于重新上马建设，他跃跃欲试，为了实现建造自己梦寐以求的核潜艇核动力装置，他枕戈待旦，思维早已冲到可控核裂变的前沿。这是他的宿愿啊！1965 年 3 月，赵仁恺再次被二机部任命为潜艇核动力研制部（北京 15 所）副主任兼副总工程师，他是两位副总工程师之一（当时未设总工程师），另一名副总工程师就是彭士禄。

回来不久，赵仁恺便一头扎进了彭士禄等人制订的核潜艇主方案、主参数中。他一字一句看完这份方案，寻找他们在关键问题上的突破，他似乎看到了科技人员这几年中坚持不懈、努力拼搏的一幕幕。他感受到这几年彭士禄、韩铎等人在困境中顽强攻关的决心。严谨求实的他拿出了 1961 年调整后的主方案、主参数，对两份方案进行了对比，他倍感欣慰，方案做得更扎实了，主参数的论证更加翔实了，说理更充分了；尤其是反应堆控制系统的系统化和子系统的研究有了很大的突破，反应堆一回路系统中蒸汽发生器、主泵、稳压器的方案和参数做得非常详细。他感到中国核动力事业的研制能力得到了加强，心中有说不出的喜悦！

他由衷地感谢彭士禄，感谢这些曾经一起奋战多年的老同事们。赵仁恺在设计院的设计室里见到了设

计院副院长周圣洋、副总工程师彭士禄，还见到了韩铎等原十二室第五大组的同事。他满怀深情地对彭士禄说："彭老总，你们辛苦啦!"他心中感到无比幸福，又能和这些同志们并肩战斗了！他知道这批意志坚强、在困难面前不低头的知识分子，都有一颗不建造出中国核潜艇就誓不罢休的雄心，他更加坚信中国能够造出核潜艇，对未来充满信心。

此时的彭士禄和潜艇核动力研制人员已经经历过多次体制调整，辗转多地（1962 年，核潜艇核动力组 60 余名科研人员划归国防科委七院。1963 年 10 月，经中央专委批准，由国防部第七研究院"09"技术研究室、二机部"47－1"室和七院 703 所第 5 室等单位合并，成立潜艇原子能动力工程研究所，即 715 所。1965 年，中央专委批准，原国防科委七院 715 所由六机部划归二机部，编入二机部设计院，成为该院的第二设计部，对外称北京 15 所），在经历了核潜艇"下马"又"上马"的变动后，他们极其珍惜这来之不易的机会，全力以赴地准备主方案、主参数的论证，并在现行的方案上展开初步设计。

1965 年底，回设计院不久，赵仁恺正好赶上北京 15 所压水堆分散布置方案与某单位提出的一体化核动力装置方案的辩论。在这次持续三天的大辩论中，北京 15 所方案是在 1962 年初他提出的核动力装置方案上改进、细化后的主方案，他非常熟悉。这个方案是在全国科学和工业能力大调查后调整完的结果，现实

可行，既力求先进又符合国情，是当时最为可行的方案。

赵仁恺以技术专家的身份参加了方案辩论会。他听取了某单位的一体化方案。该单位代表在发言时指出，北京15所的设计方案落后，设备布置分散，流程过长，阀门多，管道长。而他们的方案体积小、重量轻，有利于提高核潜艇性能。赵仁恺提出，该方案没有充分考虑国家的工业水平，制造核潜艇，首先应考虑国家科学与技术、工业制造能力，脱离实际的方案无异于空中楼阁。赵仁恺明确支持彭士禄等人改进后的采用压水堆堆型，大流量、小温差、分散布置方案。赵仁恺指出，再通过几年的研究设计与试验验证，该压水堆分散布置方案将既具有一定的先进性，又是当前唯一符合国情的方案。

最终，二机部在听取钱三强、彭桓武、朱光亚等著名专家意见后，决定采用彭士禄、赵仁恺支持的压水堆小温差、大流量、分散布置的主方案和主参数，并向中央专委汇报了方案争鸣的情况和采用压水堆分散布置的方案。与此同时，二机部还汇报了就潜艇核动力初步设计工作将采取与中国科学院、高教部、水电部、六机部、建工部、解放军总后勤部大力协同攻关的方式和方法，对一机部、六机部、冶金部、三机部和化工部等承担的几百个设备项仪表、材料研制落实情况与统筹协同攻关计划。

搞陆上模式堆建设，不仅要有正确的思维，还要

全身心地投入，更要注重工作安排的合理性和科学性。基于当时的国情，科研也要讲究效率，节约成本。

为了验证核动力装置的初步设计，摸索核动力装置一回路、二回路的安装设计程序，1965 年底，赵仁恺就开始组织舱室布置模型设计。核动力装置有几十个主辅系统，2 万多台件设备、管路、仪器仪表布置在舱室，还要提供运行和维修空间。模型设计需要多大比例，用什么材料，既要简便易行，还要节省材料。在他的支持下，设计人员刘思义制作出了 1∶10 的模型方案。

刘思义于 1950 年从复旦大学毕业，参加过我国海军早期从苏联引起护卫舰和常规潜艇的监造和验收，对海军常规装备的动力部件了如指掌，对于模型制作这样的工作，他得心应手。刘思义是个善动脑筋的人，但巧妇难为无米之炊——他手里没有做模型用的材料。用什么材料呢？最初刘思义想用木头做，但既没有木匠又没有工具，建造模型一时陷入僵局。赵仁恺对他说，只能就地取材用其他材料做，人员也不能从外面调，只能是在内部找。他想到用纸，但纸有许多类型，最后他决定用最便宜的“马粪纸”。“马粪纸”韧性好、强度高。他去百货公司，只用了不到 50 元钱就买来几捆“马粪纸”，用车拉到马神庙资料室旁。他找到北京 15 所资料室十几位女同志，请她们用“马粪纸”手工折出设备，他出数据和纸样。就这样，15 所资料室的一帮女将在刘思义的带领下，利用 1966 年的春节期间基本完成了该项设计与制作。

这个由刘思义组织，用“马粪纸”做成形状不同设备、用直径不同的电线电缆作为龙骨糊制出来的中国核潜艇模型一经展出，便引起所内小范围轰动，并不断产生连锁反应。这个模型设计与制造还为后来设计人员参加核潜艇总装厂做1∶1木型模型提供了重要参考。后来，张爱萍将军在一次例行工作检查时，看到陈列在马神庙二院资料室旁废弃的这座用“马粪纸”制作成的核潜艇核动力装置。他风趣地说：“不要丢啦！应该送军事博物馆，看看我们科技人员是怎样想方设法，为国家节省资金搞系统工程的设计过程和历史。”

# 第十二章　九〇九基地建设启幕

20 世纪 60 年代，陆上模式堆定点在四川，为加快施工进度和确保施工质量，赵仁恺带领设计队从北京奔赴四川，进行模式堆厂房选址、设计和配合施工，在沉睡千年的山谷中，赵仁恺他们啃着干粮，住在小学教室的课桌上，开始了艰难的现场勘察，打响陆上模式堆建造的第一场攻坚战。

## （一）模式堆落户四川

20 世纪 60 年代初，国际形势发生变化，我国和苏联关系紧张，苏联在我国边境陈兵百万，我国也在北方做了相应部署。毛泽东根据过去战争年代的经验，把成百上千个国防工厂和研究院所分散建在大西南的山坳里，也就是今天说的“大三线”，以应付未来战争的需要，决心与帝国主义和修正主义大干一场。

1964 年，中央就制定了“靠山、分散、隐蔽”的国防建设后方基地的方针。根据这一方针，二机部要求各单位选“点”，都要选在沿成昆铁路线附近，因为那里有高压电网，对于当时基础设施极差的中国而言，高压电网是非常重要的。据曾经参加基地选址的杨履新（时任 715 所副所长）回忆，相关人员在四川各地勘察后，提出将反应堆核试验基地集中建在四川省某市的沿江岸一带。最终部领导亲自实地勘察，共同研究确定了建设地址（这里从此被称为九〇九基地），及以分散为指导思想的建设布局。1965 年 8 月 25 日，中共中央专门委员会再度批准核潜艇工程研制上马的同时，决定在四川建造核潜艇陆上模式堆工程，要求 1970 年底建成。

时间紧迫，工程建设基地确定后，二机部便开始进行基地的总体规划设计，确定把机关和研究试验基地放在城镇附近丘陵地带，因为离铁路比较近，便于

与外界开展协作，而把反应堆建设在沿江的山谷中，既隐蔽，又便于反应堆排热。1965 年 7 月，九〇九基地的建设人员已陆续进入基地，由此中国核动力试验研究设计基地的基本建设拉开了序幕，穿着工装、军装的人渐渐多起来了，昔日的荒野之地渐渐热闹了起来。

参加过基地建设的车景森回忆，当时上级要求贯彻干打垒厂社结合精神，确定了平房建设每平米 25 元、楼房建设每平米 35 元的房屋修建标准。建设用的木材是从西安经由铁路运过来的，随后就开始组织民工用泥巴做干打垒，修房子。由于建房的标准太低，当时什么都得精打细算，节省开支，很多事情都得自己干。这帮从北京、上海大城市过去的人自嘲，干起活来比农民还像农民。“那么个荒凉的地方，要有吃有住，还要干出举世震惊的成果，没有一点真抓实干的精神怎么能行呢？”车景森说。

由于基地和陆上模式堆相距近数十公里，需要在中间修建一条路，方便工作人员来往办公。根据当时的情况，修铁路是不可能的，只有修公路。为了选取一条理想的公路，杨履新带队先后经过几十次艰险的实地勘察。山高坡陡，阴雨路滑，常常要跋山涉水，走羊肠小道，穿行于草丛密林之间。很多同志的腿脚被摔伤、扭伤。有一次，因为路实在太陡，只好坐在地上往下滑，把皮都磨破了。在同志们的共同努力下，终于选定了一条比较合理的线路。1966 年初，公路

开工。

1965年8月，就在中央下文批准核潜艇工程研制上马，并在四川建设模式堆的同时，赵仁恺被任命为潜艇核动力陆上模式堆工程设计（工艺及土建）设计队队长，承担模式堆工程主厂房厂区和试验研究基地的设计工作。

从1958年秋受命开展核潜艇核动力设计至今，已经过去整整7年，赵仁恺从35岁的青年人到了42岁的不惑之年。莫等闲、白了少年头，空悲切。赵仁恺踌躇满志，发誓一定要出色地完成这项涉及国防建设的工程。他一方面在北京领导模式堆设计的完善工作，一方面密切关注着远在千里之外的四川基地建设。

1966年5月初，在周圣洋所长的率领下，赵仁恺和高云鹏、王天锡、徐长荣、黄永愚等赴四川省考察模式堆现场定点情况。到成都以后，二机部干部司司长武连元迎接了他们。第二天一早，他们便乘蒸汽火车到达九〇九基地。

当时基地虽然已经开工近一年，但条件仍然非常简陋，只有一些“干打垒”，房顶是水泥预制瓦，墙壁是黄土垒制而成，地面全是泥巴，窗户很小。由于天气较热，屋内闷热难耐，就像坐在蒸笼里。当时，基地建设尚未完全拉开，建设又是在“进山、分散、隐蔽”的方针和“边勘察、边施工、边生产、后生活”的精神下展开的，基地“三通一平”的基本条件尚不满足，有这么个“干打垒”已经属于不错的条件了。

他们仅休息了一晚，第二天便马不停蹄地跑到分散在山丘林中的几个实验室场址中勘察。第三天，在孙斌久的带领下，一行人沿石棉堰向西寻找陆上模式堆的选址。

他们在尚未开垦的原始林地中行走，走了一段发现有一条流淌着青波绿水的江，一行人逆江而上，一路上青山绿水、竹篱茅舍，倒也一派田园风光。为了缓解大家的疲劳，赵仁恺给大家讲起当年他从南京一路逃难到重庆时看过的巴国山水、蜀道人情。他讲得朴实无华，却真挚动人，一行人顿时觉得与四川的距离拉近了很多，也不再感到疲惫。

时近中午，一行人终于来到目的地的峡谷口，在这里前期选址征地的陶树良和苗洪昌迎接他们进了峡谷，峡谷很美，中间有一条清澈见底的小溪。步行到一个制高点，能够俯瞰山下蜿蜒奔流的江水，江中露出一个小岛，再走就是一溜下坡，走进现场抬眼望去，真是一片完全未开垦的“处女地”。四面青山环抱，中间是比较开阔的水稻梯田，小河环绕穿流而过，好一派田园风光。

继续顺流而上，他们找到了一个悬崖下的平地，陶树良告诉他们模式堆就打算定点这里。这个场址占良田少，水源供应取之不尽，供排水不成问题，供电正在与当地政府联系，公路正在构筑。周圣洋、赵仁恺等在听取选址的根据，以及水、电、路等辅助情况后，认为这个地址符合中央三线建设“进山、分散、

隐蔽”的战略决策。周圣洋笑着对赵仁恺和王天锡说：“厂址解决了，下一步就看你们怎么盖这个楼啦！”

这个峡谷的山坡上住着几户人家，为了摸清老百姓的情况，周圣洋提议就近上山，于是三人沿着弯弯细细的田间小径走上山去。山坡上是周围农民种的一层层梯田，当时油菜正处在收割季节，老乡们正忙着连根将油菜从地里扯出，半人多高的油菜密密麻麻，颗粒饱满，格外喜人。老乡们劳作之余抬起头来，见这三位比他们公社干部穿得还“洋盘”的人来了，都好奇地停下手中的活，打量起这些外来者。

周圣洋对他们中一位头裹着黑色头巾的老者说：“老乡，休息一下，我们将来就是邻居了。”老者愣了一下，还没答话，一位二十来岁的年轻人抢先开口了：“你们是从北京来的客人吧？请到屋头坐，喝口茶嘛！”大家看老乡很热情，就随他来到了他家院子里。老乡从茅草房里搬了几个长条板凳给这几位客人坐，用大茶壶给大家一一倒水喝。他说：“公社和大队干部去年底就跟我们说了，我们脚下要建工厂，这好啊！我们祖辈都在这里生活，只要别让我们搬家，我们就欢迎你们，支持你们！我们这附近十多家都是贫农出身，你们放心，没一个地富反坏右！”

周圣洋笑着说：“老乡，打扰你们了，我们不会赶你们的！我们会给你们接自来水上山，帮助你们生产，还要给你们的子孙创造就业条件。”他们跟老乡谈了许久，深深地感觉到老乡们虽然没有见过大世面，但是

性情淳朴，心地善良。老乡们要留大家吃晚饭，周圣洋说："不麻烦你们啦，老乡，明天我还要赶回北京去！"老乡们这才恋恋不舍地把他们送下山。回来的路上，大家心里都非常踏实，感到这个场址就是适合的场址。

天色已晚，回基地肯定不行了，沿路左边是江右边是埝，只能到距离这里五里地的小镇上过夜了。一行人就这样结束了此次考察，沿江往上游走，到小镇时已经是掌灯时分，小镇只有一条长长的小街，街两边小吃店不少。他们找到一个旅馆，住宿单间一床一灯一椅三毛钱，两人间两床一灯两毛钱。安顿好后，大家在街边小店里一人一碗"抄手"和"豆腐脑"，味道虽辣，但累了一天，能吃到这些大家已经感觉非常可口。赵仁恺笑着说，这里的"豆腐脑"比重庆和江津的好吃多了。

## （二）设计队当先锋

中国核潜艇陆上模式堆就这样最后定点在一个狭长的山谷中。模式堆建设现场距九〇九基地有几十公里的距离，开山的炮在沉睡了千年的山谷中隆隆地爆响，山谷中有数千名民工队的队员在争分夺秒地修筑碎石铺起的公路。

1965 年初冬，尽管进入山谷的道路未完全打通，赵仁恺还是决定率领工艺设计队伍进入施工现场，因为模式堆位置虽然定在一号点，但是由工程设计变为工艺设计、施工设计，仍需要大量实地勘察工作。

图 12-1　建设陆上模式堆时工作人员使用的食堂

某一天的凌晨，赵仁恺带队从早已弃用做客车站的“西直门火车站”登上列车出发。经过两天一夜的劳顿进入四川境内时，已是黎明时分，正值连绵的阴雨天，一下就是十天或者半个月。一行人拿着行李直奔九〇九基地的一号点，坐车大约一个上午的时间才到达了目的地，前面没有路，只能徒步走了，向导嘱咐每一个队员都拿一根树枝当拐杖，好爬山。据说这里原先是一座“地主庄园”，解放后改为小学，其实就是一座建在崇山峻岭中间小平坝上的旧木结构四合院。

尽管北京已经入冬，这里的山谷却是郁郁葱葱，一片翠绿，还有各色的野花点缀着山岭。除了茂密的

森林外，还有大片大片的竹林。地面没有路，浓密的枝叶遮天蔽日，挡住了本就不强的光线。大家踩着松软的树叶铺就的腐殖质土，一手扒着面前的树干，一手拄着拐杖，费力地往上爬着，一会儿就累得气喘嘘嘘。

到达并看到现场标记后，一行人顾不得放下身上背着的简单行李，立即投入实地勘察、测量。渴了就喝山沟、涧溪的水，饿了就吃随身携带的干粮。时近黄昏他们才发现，晚上的住处成了问题。他们沿小溪向下边走边找，走到江边，天已经擦黑了，终于看到一所小学校。于是赵仁恺决定，大家就留宿在这个乡村小学的校舍。当时学校正逢放暑假，他们就把学生们的课桌拼成睡床，利用教职员的土灶烧水解渴并洗漱。附近的老乡见到这群在学校、江畔忙碌着的人们，穿着帆布工装，说着文绉绉的普通话，喝着军用水壶里的水，啃着干馍馍，都十分地非常好奇，对他们表现得也很友好和热情，有的还给他们送来了煤油灯。

没想到的是，这一住就是一个多月，直至完成勘察，确定场址。当时由于公路未通，只能派人到十几公里路外的县城和场镇去采购生活必需品，二十几个人的食品、用品都是肩挑背扛带回来的，其辛苦程度可见一斑。在现场勘察中午无法回“校”吃饭，就只能捧“冬水田”的水就干粮下肚，加上山谷中蚊虫的叮咬和骚扰，夜晚房梁上蛇、鼠交战，真是苦不堪言，

夜不安宁，不少人因水土不服而拉稀腹泻，皮肤溃烂。

四川的天气和北京不一样，工地的雷和雨跟北京更不同。北京下起雨来是稀稀拉拉，打起雷来是天高且远，闪电过后很长时间才听得到雷声。现场的闪电雷鸣可不一样，简直就是滚地雷。雷雨把天和地拉近了，闪电过后，就是一声闷雷，声音大极了，就像在头顶爆炸一样，十分可怕。

设计队在基本生活条件无法保障的状况下，进行着艰苦勘察。赵仁恺当时 42 岁，在这群人中最为年长，又是副总工程师、设计队长，但他与设计人员同甘共苦，从未讲过特殊。为了对付蚊虫的叮咬，他甚至差点效仿一位气象勘察的女技术员往腿和手膀上抹“滴滴畏”。气象员小王因无法忍受“小咬”的侵扰，搽清凉油无济于事，见老乡用“滴滴畏”灭虫效果挺好，便想到用“滴滴畏”尝试一下灭蚊的效果。她先往手臂手腕手指上搽，“小咬”倒是飞走了，但她的手臂和小腿搽抹处却迅速地红肿起来，脸上布满红疹，人的呼吸也急促起来，样子很可怕，大家发现后立刻把她送到几里外的公社卫生站救治，这才逃过了一劫。

赵仁恺身体一直不好，患有心脏病、高血压和失眠症，常常睡不好。以前他在北京有吸烟的习惯，发现有心脏病后接受医生的建议，坚决戒了烟。到了四川，他就靠吃药维持，睡不好觉就服安眠药。赵仁恺是喜欢安静的人，白天为工作忙碌了一天，就靠晚上

休息恢复，可偏偏失眠睡不着，刚吃了安眠药快睡着的时候，老鼠就来捣乱，这对于患有失眠症的人来说，确实是一个很大的挑战。但赵仁恺面对这些困难都以乐观的态度从容面对，坦然处置。

1966年底，连接基地和模式堆建设地点的公路终于穿越崇山峻岭、沟壑河谷抢修通了，土建施工队伍和汽车拉着的施工设备和器材陆续进场。

1967年4月2日，随着开山炮的轰鸣和隆隆机械施工声，具有重大历史意义的中国核潜艇陆上模式堆施工建设就此拉开了帷幕。工地上彻夜灯火通明、搅拌机声、汽车轰鸣声、施工小车的嘎嘎声，声声相连地与山岩上的放炮声、口号声、呐喊声遥相呼应，工地上的共鸣声震撼了这个沉睡了几千年的寂静山谷，熊猫躲进了大山深处，从此这里的青山绿水便开始喧嚣和热闹起来。

当然，赵仁恺及其设计队员的生活环境也有了明显改善，他们都住进了帐篷和木板房，可以不受蚊虫、蛇、鼠的骚扰。有了简陋食堂，施工的责任和担子使赵仁恺不敢有半点怠慢，土建施工这一炮一定要打响，自己反正是单身一人在川，与其坐“解放”颠簸十多公里到基地二号点的“干打垒”，还不如就将就在一号点的帐篷里，与大家在一起，不仅能及时听取施工人员的意见，还能有更多的时间看书。他将自己完全融入到工程的施工队伍中，与工人们同吃、同住、同劳动。

虽然是工程副总工程师，但赵仁恺从来没有谋过任何特殊待遇，当他回到二号点办事的时候，就和小青年们一起住在实验室里，每天加班到深夜，生活起居都是自己打理。多年以后同事们都还记得，每次看见赵仁恺去食堂打饭，都是一手端个搪瓷饭碗，一手提把暖水瓶，腋下夹本书。大家都说，这是赵总的标准模样。

由于深受大家的爱戴，更加鼓励了他扎根群众中的信念，后来几年模式堆建设见证了他这位没喝过洋墨水的核动力专家就是一位勤于实践的科学家。

然而，好景不长，随后的几个月，“文化大革命”（以下简称“文革”）席卷了中国，陆上模式堆现场也未能幸免。形势很快超出了赵仁恺的预期，造反派给他强加罪名，扣上帽子，使他几乎“靠边站”。陆上模式堆建设受到了严重影响，中国核潜艇核动力的发展之路又蒙上了一层阴影。

每当回忆起这段艰苦岁月时，赵仁恺都感慨良多：“我们这批‘老九’，在动乱的‘文革’中，忍受了常人难以忍受的身体和精神的双重磨难，但始终对事业充满了责任，为了三线、为了国防，舍小家，建广厦，做出的牺牲真正是令后人难以想象。”

## （三）最晦暗的岁月

自从1966年“文革”开始后，陆上模式堆良好的开局很快就被“文革”动乱打破了。万众一心搞建设的良好局面一去不返，施工进度受到“革命浪潮”的严重影响，主厂房土建施工基本陷于瘫痪。

作为在现场的主要领导和技术权威，造反派不仅炮轰赵仁恺是“资产阶级反动学术权威”，还给他扣上“历史坏分子”的帽子。令赵仁恺感到万分痛苦的，是他那远在北京的妻子也被下放到湖北钟祥五七干校，16岁（1968年）的大女儿被“安排”到吉林省插队，次年（1969年）不满16岁的大儿子被“安排”到北大荒，小儿子1972年高中毕业后也被“安排”下乡，一家人各奔东西，天南海北。在那段动荡的日子里，他既无法保全自己，更无法帮助妻儿老小。这一别，是否能够再相见？什么时候能够再相见，都不得而知。

除了妻儿，更让赵仁恺寝食难安的，是他那北京家中只有风烛残年的母亲一个人孤苦伶仃的生活。熟悉赵仁恺的人都知道他是一个孝子，他常常说：“母亲26岁就守寡，拖儿带女千里迢迢从南京逃难到重庆，这中间受了多少苦，遭了多少罪，含辛茹苦把他们几姐弟培养成人并接受教育，实属不易。”亲人天各一方，无法给老人尽孝、无法爱护妻子、无法抚养子女，

这种妻离子散的痛苦常常使他在夜里泪水湿巾。

当无政府主义的大字报、大辩论、大批判越来越疯狂的时候，工地建设更加举步维艰。随着“文革”的深入，到后来工地的消极怠工就到了令人发指的地步——工人们放弃了劳动的工具，搅拌机睡着了，挖掘机垂下了头颅。更严重的是，九〇九基地造反派常因派系之争产生一些小摩擦，因此引起武斗的乱象。在这种情况下，本分一些的工人（人称“消遥派”），也就乐得躲进板房里、躺在树荫下，有去江边垂钓的，去沟里丛林上玩扑克的，就是不敢去促生产。身在“五类人员”中的赵仁恺，只能是怒目而视，他没有说话的权利，呼天天不应，叫地地不灵。基地领导层像走马灯似地换了几届，但工程建设就是推动不了。

分别由二机部和国防科委七院派来现场的指挥长何谦和政委张志信早在 1968 年 3 月就抵达现场，他们一心想推动建设工作，但由于缺乏“尚方宝剑”，他们说话也根本不管用，只能无奈地守着动乱的九〇九基地。虽然他们都是带着上级的命令来到现场，但他们也不敢贸然立即成立指挥部。

由于担心武斗和动乱进一步破坏已经开展的建设，赵仁恺凭着高度的责任心和对事业的使命感，决心留在现场。施工近一年后，模式堆主厂房基建才挖了一个不足 1000 立方米的大坑。后勤保障工作也是没有进展，路更烂了，进入现场的车少了。赵仁恺看着现场

的一片狼藉，心急如焚，却只能仰天长叹：“正是我男儿献身国防建设，报效国家、奉献赤胆忠心之际，却无奈这动荡不安的‘文革’，把宝贵的时间耽误了，这批报国无门的核科技人员在痛苦中饱受煎熬。毛主席呀！党中央！你们知道现场发生了什么吗？这样长此下去，怎么保证模式堆工程的进展？如何保证工程质量？”

为了尽可能地推动建设，赵仁恺躲在厕所里写情况，把现场和工地的一切都告诉给何谦和张志信，书面向二机部党组汇报！他抱定决心，一定要想办法推动模式堆施工现场的施工！模式堆的建设是大事，是毛主席交代的任务！家人分开，以后总有再团聚的一天，模式堆建设一旦中断，再启动就非常困难了。但是，晦暗的时代大背景下，一个人的力量何其渺小，更何况是一个已经被批判、被“靠边站”的技术人员呢？赵仁恺寄出的信件如泥牛入海，杳无消息。

此时的赵仁恺并不知道，二机部的刘杰部长此时也已经“靠边站”，正接受造反派的批斗，整个部机关也是闹轰轰的，天高皇帝远的九〇九基地谁又有暇顾及呢？

无数次，赵仁恺走在模式堆建设现场，默默地看着静悄悄的工地，心中涌起对家人的愧疚：“我扔下老母和妻儿，到这里难道就是一日三餐，碌碌无为地混日子吗？”一个人的时候，赵仁恺常常沉思，中国核潜

艇为何如此命运多舛——它的研制始于中国“大跃进”时期，在国家三年自然灾害、苏联停止一切援助时期“下马”，终于再次“上马”，却又在工程建设的关键时刻遇上了“文革”动乱。难道我们真的没法实现毛主席“核潜艇，一万年也要搞出来”的誓言了么？

模式堆工地建设被造反派以“造反有理，不能以生产来压革命”的旗号来扰乱施工，周圣洋所长被揪斗去扫厕所，赵仁恺险些被赶到农场去接受思想改造。就在赵仁恺将要被赶走之际，彭士禄代主任出面保了他，说他是“又红又专”的权威，不能打倒。彭士禄与赵仁恺早在原子能所就一起共事，既互相了解，又互相支持。当人们再回首“文革”期间开展陆上模式堆建设的那段岁月，不能不感到庆幸。冥冥之中，组织安排彭士禄与赵仁恺这两位副总工程师一同开展工作，真是绝好的搭档。如果二者缺其一，陆上模式堆的建成恐怕都将大大延后，核潜艇的历史也将被改写。也正是由此，赵仁恺自始至终对彭士禄这位革命战友怀有敬佩和感激之情。

彭士禄是中国无产阶级革命家彭湃的后代，是一位具有传奇色彩的留苏核动力专家。他为核潜艇事业做出了卓越贡献。在赵仁恺调任生产堆副总工程师之后，是彭士禄带领一帮设计人员在艰难地维系着核潜艇核动力的工程设计。

彭士禄在困难时期利用各种渠道，保住了潜艇核

动力设计的一帮人员，并要求他们“钻进去、迷上它”，为20世纪60年代核潜艇工程重新上马保留了队伍、稳定了骨干、积蓄了力量，对此赵仁恺深感钦佩。彭士禄自创的热工水力计算方法，核潜艇工程战线上的人无不赞赏。加上彭士禄为人洒脱，平易近人，广泛结交工人和科技人员，使他有广泛的群众基础。在工程技术上，他目光长远并且思考深入，能做出判断，及时做出推动工作继续前进的决定。对看准的事情，他一往无前、义无反顾。按照当时现场建设者的话说，彭士禄是“红二代”，头上没有“帽子”，脖后没有“辫子”，不怕被人打倒。这虽然有戏谑的成分，却足以展现彭士禄的突出特点。彭士禄是一个有担当、敢于负责任的科学管理者，工程设计的导师和指挥者。

彭士禄粗中有细，赵仁恺细中求实，优势互补，这在核潜艇工程开展过程中留下了许多的佳话。数年的相识相知，使得彭士禄坚信赵仁恺是一个对革命、对工作、对科学负责任的人，是一个对工程研究十分熟悉和细致谨慎的人，两个人能够搭伴攻关是最优选择。现场工地离不开赵仁恺这样负责任的副总工程师。尽管彭士禄能够保住赵仁恺，但单凭两位副总工程师也无力回天，现场还有一大批知识分子的工作权利被造反派剥夺，模式堆工地建设陷入停滞。

设计人员的扩初设计以及设备驻厂人员的设计工作在这动乱的状态下难以开展，工程设计危在旦夕。

为了如期完成扩初设计和设备制造，彭士禄充分利用了他与周恩来总理的特殊关系，在国防科委核潜艇工程办公室的帮助下，将核潜艇及其核动力装置这批设计人员秘密转移到北方的一个小岛上。在这个岛上，他们避开了“文化大革命”的干扰和冲击。尽管生活极其艰苦，但设计人员以苦为乐，以革命的浪漫情怀克服了一切困难，保证了设计工作的完成。

# 第十三章　模式堆基建在“文革”中艰难进行

模式堆的建设在“文革”中举步维艰，聂荣臻元帅组织召开了“核潜艇工程设备制造协调会”，并签发了《特别公函》，核潜艇工程涉及的工厂、科研院所才得以恢复正常的生产和研制秩序，危难的形势得到扭转。次年，毛泽东签发了著名的“718 批示”，成为加快模式堆建设的强大动力。

## （一）力挽狂澜的聂帅

相比于岛上的彭士禄，核潜艇涉及的近四千家材料、设备、仪器、仪表制造的生产厂家和研究所就没有那么幸运了。这些遍布于二十多个省市的设备制造和生产厂所的科技人员和工人在“文革”无政府主义狂潮下，造反派疯狂的打砸抢和揪斗，迫使许多工厂拉闸停工。相当一部分的厂长、党委书记和科技骨干被隔离审查或被揪斗游街示众，驻厂的科技人员也被扣上莫须有的罪名被赶出厂、所。

由于生产无法正常进行，设备无法在预定时间交货，严重影响核潜艇工程建设进度。面对“文革”动乱的严峻形势，身处“二月逆流”不利局势下的聂荣臻元帅，在听取国防科委副主任刘华清和核潜艇协调办公室主任陈佑铭的汇报后，毅然决定于 1967 年 6 月 20 日在北京民族饭店召开“核潜艇工程设备制造协调会”。聂帅特别强调：“凡是接到通知的厂长、书记、技术负责人，不论是否在接受批判和审查，都必须到会。”

6 月 20 日，“核潜艇工程设备制造协调会”如期在北京民族饭店举行，来自全国各地核潜艇重要材料和设备生产的几百名厂长、党委书记和总工程师们聚集在民族饭店的会议厅里，他们在礼堂抱头痛哭，他们中不乏身带伤残、戴着“帽子”前来，愁眉苦脸的一代“臭老九”。聂帅当场指示：“核潜艇工程是毛主席亲自批准建造的尖端国防工程，工程涉及面广，科研和生产一环扣一环，环环相扣，每个环节的工作都要从大局出发……工程进度只能提前，不能拖后，不能因为自己的部分，影响整个进度，困难很多，大家一定要千方百计地克服，一定要按时保质保量地完成任务，为加强我国的国防建设做出新贡献！”这些厂长、党委书记和总工程师们听到聂帅的指示泪流满面、群情振奋、热血沸腾，恨不得马上插上翅膀回到车间、实验室去施展才能、发挥作用。尽管会议十分成功，措施也非常得当，然而，当一些厂长、书记乘坐的船刚刚靠近攻关的码头，他们中便有很多人被关进牛棚和隔离室……雪片般的求救函件再一次从大江南北、长城内外飞向国防科委。

为了确保核潜艇工程的顺利开展，1967 年 8 月 30 日，在病中的聂荣臻元帅闻讯，不顾个人安慰，从刘华清手中接过陈佑铭等拟写好的《特别公函》，颤抖着身子，从病床上站起来，拿笔毅然地在公函上签了“聂荣臻”三个字。这就是核潜艇工程研制史上震撼中华大地的《特别公函》。这份以中央军委名义签发的《特别公函》，是在“文革”动乱期间为保证核潜艇成功建造、迫不得已而采取的非常手段。聂荣臻元帅还特别强调，除专人到厂、所宣传外，各省军区负责人还必须亲自到厂、所去宣传贯彻。公函内容简单明了，但字字千钧。公函称：“核潜艇工程是毛主席亲自批准建造的国防尖端工程，任何单位，任何人均不得以任何借口和理由冲击车间，更不能以任何借口停工停产……”

中共中央军委特别公函

我們伟大的导师、伟大的领袖、伟大的統帅、伟大的舵手毛主席教导我們

“我們正在做我們的前人从来没有做过的极其光荣伟大的事业。

我們的目的一定要达到。

我們的目的一定能够达到。”

〇九工程是我們伟大領袖毛主席亲自批准的一項重要的国防尖端技术項目。这是党和人民交給我們的极其光荣而艰巨的政治任务。希望有关方面：高举毛澤东思想伟大紅旗，突出无产阶級政治，努力活学活用毛主席著作；坚决貫彻执行毛主席提出的“备战、备荒、为人民”和“抓革命，促生产”的伟大方針；坚决貫彻执行毛主席的鼓足干劲，力爭上游，奋发图強，自力更生，树雄心，立壮志，赶超世界先进科学技术水平的革命路线；群策群力，大力协同，排除万难，以“只爭朝夕”的革命精神，保时間，保质量，圆滿完成任务，夺取文化大革命和科研生产的双胜利。

中 央 军 委

（盖章）

一九六七年八月三十日

《特别公函》这柄尚方宝剑，使瘫痪中的核潜艇重要设备和仪器仪表工业制造业重新开足加班加点生产和制造的马力，也为一大批被批斗和隔离起来的厂长

书记下了“特赦令”。《特别公函》极大地鼓舞了像赵仁恺这样的成千上万个从事这项工程的科技人员、工人、干部。几乎一夜之间，在核潜艇整个工程的每个基地生产厂，人们欢欣地奔走相告，自觉地恢复生产，维护正常的生产秩序，他们唯恐自己的过失而延误工期。不少人在激动中内疚，忏悔，不少人顿足捶胸，泪流满面，责怪自己，他们发誓一定要把失去的时间夺回来。

正是由于党中央、中央军委的高度重视和权威的措施，核潜艇工程涉及的厂、所才得以恢复正常的生产和研制秩序，危难的形势得到扭转。《特别公函》在全国核潜艇工程涉及的这个广阔而神奇的秘密领域散发出摧枯拉朽的力量，使近乎瘫痪的国防工业力量得到复苏，使近如散沙的国防科技力量重新凝聚起来，这些厂所在驻厂设计人员的协调下，众志成诚、团结协作、奋发图强地为我国国防尖端谱写了许多动人的篇章。

## （二）模式堆建设再遭质疑

模式堆建设过程中，除了“文革”的重要影响，在技术路线方面，也曾有过动摇。1967 年，原子能所内有人再次提出模式堆与实艇建造相隔时间短、模式堆起不到对潜艇的指导作用、要不要建造模式堆的问题。随即又引起一番较大的争论。此时的赵仁恺仍然

坚持必须建设模式堆的观点，据理力争，他给大家讲模式堆的性质、作用，而且强调了不可替代的意义。尽管这些心存疑问的人认为他的话在理，但他的出身和经历使人们不敢相信中国的“土专家”。有人发话，赵仁恺没喝过“洋墨水”，不够权威，并点名要朱光亚、钱三强等“名人”来回答。

曾任中船重工集团某所副总工的张金麟（1936— ）院士，是船舶总体和动力专家，亲身经历了这一阶段。1960 年，刚从哈尔滨工业大学毕业的他被分到海军科研部“09”研究室，半年后被派往原子能所 47—1 室学习和工作，并随后跟着 715 所进入四川。在这片热土上，他全程参与了陆上模式堆的建设过程，并从此为中国核潜艇事业奉献终身。许多年以后，他仍对核潜艇起步前的这一重要“讨论”记忆犹新：“核潜艇建设工程，在我的记忆中最深刻的一次，是大家争论要不要搞陆上模式堆。大家争论不休，各自说出自己的理由。还曾经派我和魏书斌两人到京西宾馆找朱光亚（当时的核领域科技专家）请教，听取意见。朱光亚很细致地一个小问题一个小问题地问，我一一作答。到了最后一个问题也是非常关键的一个问题，我回答不上来了。”

朱光亚的最后一个问题是：“一个一个的单设备、单系统的实验都验证过了，那么整个系统装起来后，你们怎样认定是行还是不行呢？”这个问题正是大家争

论的问题，没有人能回答上来。

朱光亚是著名的物理学家，年轻时曾与杨振宁、李政道一同留学美国，新中国成立后他毅然回来报效国家，成为中国两弹一星、一艇事业的奠基者和带头人。1957 年的时候，他奉调来到位于北京郊区的原子能所任物理实验室副主任，带领年轻人从事中子物理和反应堆物理研究。1959 年 7 月，35 岁的朱光亚临危受命，担任起中国核武器研制的科学技术领导人，从原子能所调到二机部核武器研究所，担任副所长和第四技术委员会副主任，从此终身与核武器结缘。

其实，不止朱光亚，为了按期推动陆上模式堆建设，二机部还请钱三强、彭桓武等权威专家给意见。钱三强等专家们表态：这是建造核潜艇前必须要建造的工程试验堆，是为了摸清物理能转化为机械能的原理，验证核动力装置设计可靠性、安全性的重要工程项目，模式堆的必要性和重要性毋庸置疑！这才结束了这场绕乱人心、涣散施工现场的争论。最后国防工办决定仍按中央专委 13 次会议决定执行，即 1970 年建成核潜艇陆上模式堆并投入运行。

## （三）毛主席签发“718 批示”

1968 年 7 月 18 日，正当模式堆工程进展艰难的关键时刻，毛泽东主席亲自签发中央军委、“中央文革”致成都军区的电令，命令成都军区派一名师职干部加强九〇九基地军管领导，派一个营的部队支援基地建设。这就是著名的“718 批示”。成都军区立即执行毛主席的“718 批示”，力挽狂澜，成为加快模式堆建设的强大动力。

“718 批示”挽救了陷于瘫痪的模式堆工程，整个现场实行军事管制。现场指挥部也行之有效地高速运转起来，一些下放去农场进行思想改造的科技骨干，也陆续地从农场回到现场。现场施工在子弟兵的忘我劳动下，基建速度刷新了记录。在毛主席发来的电报的号召下，现场的八千军民全身心参与进来，现场施工的速度突飞猛进。

**中央军委、中央文革“关于支援909基地建设问题”给成都军区的电文***

（1968年7月18日）

成都军区：

伟大领袖毛主席亲自批准的09工程是国防尖端项目。在四川[redacted]建设的909试验基地，是09工程的一个主要组成部分。现该基地组织领导薄弱，施工力量不足。为了加强领导，由你们指派一名师级干部任工地军管会主任，军管工作人员也予适当增加；另调一个营支援该基地建设，担任支援任务的分队，要大力宣传毛泽东思想，做好工人工作，促进革命大联合和革命三结合，抓革命促生产，圆满完成伟大领袖毛主席赋予的光荣任务。

（原件存成都军区档案馆）

* 电文经毛泽东签发。曾对工程建设起了很大的推动作用。即“‘7·18’批示”。

1969 年，模式堆工程进入关键阶段工程指挥部组织“五大战役”，立体交叉作业，八千军民昼夜奋战在施工现场，包括二七公司的土建队伍，二三公司的安装队伍，十五所一号点的运行、检修队伍和二号点各设计室、实验室的设计和实验人员。工作 24 小时不间断，夜以继日连轴转，不分白天和黑夜。现场到处都是人，运输设备材料的汽车来来往往，轮换安装调试的人员一拨又一拨。晚上，会战现场仍灯火通明，热闹非凡，搅拌机声、汽车轰鸣声、施工小车的嘎嘎声，声声相连地与山岩上的放炮声、口号声、呐喊声遥相呼应。晚上 12 点的时候，大家排队去取夜餐（夜餐很简单，就是馒头和咸菜）。

主厂房混凝土的浇灌工作在不分昼夜地进行，框架渐渐从地下冒出，楼房一点点成型，施工人员在赵仁恺的组织领导下有序施工。模式堆基建日新月异，不仅于 1968 年 12 月 29 日提前 40 小时完成模式堆主厂房基础挖掘和混凝土浇灌，还于 1969 年 3 月完成主厂房封顶，8 月全面完成土建施工，创造了又一个奇迹！

随着土建施工的完成，承担陆上模式堆安装的队伍进驻厂房。当时由于工期紧，许多二回路管道、设备的安装与调试实施交叉进行，立体施工。现场施工贯彻了“先生产、后生活”的原则，大家住干打垒，

木板房，帐篷，生活虽然枯燥艰苦，但工地却呈现一派繁忙的景象，有如盛大的节日，紧锣密鼓，工程建设进度日新月异。在这节日般欢乐的工作中，赵仁恺无比兴奋，他一日三餐在现场，和战士们、工人们在一起，并肩战斗，全力以赴。

# 第十四章　模式堆建设最后冲刺

模式堆有 30 多个主辅系统，有 26000 多台件设备、仪器、仪表。赵仁恺组织领导了模式堆工艺设计，完成了 1968 年的工程设计复查，并组织和参与编制完成了 1969 年度模式堆土建、安装等五个阶段的进度计划，并有计划地进行了设备验收、安装条件、工卡具的技术准备、安装大纲准备。最终，赵仁恺带领广大技术人员见证了模式堆启动这个重要的历史时刻。

## （一）工程设计复查

1968年12月底，二机部成立模式堆工艺技术小组，赵仁恺担任组长，现场指挥部要求该组配合715所施工设计组进行施工设计，赵仁恺开始在基地和模式堆现场来回穿梭。1969年2月，赵仁恺接到周圣洋所长电话，让他参与工程设计复查。此时他不得不放下基建施工近于尾声的工作，投入设计复查。

当时复查的原因是，由于核潜艇核动力装置初步设计与模式堆扩初设计时间短，设备研制、专业设计科研成果之间信息反馈因“文革”干扰不能及时沟通等因素，为保证质量、进度，圆满完成模式堆的安装，需要进行工程设计复查。

赵仁恺组织十余人通过18个昼夜的连续加班复核，对6万多份图纸和数据进行仔细的验算和校对，共查出问题159个，其中有13个问题将严重影响工程质量和进度。

针对这些问题，复查小组逐一提出了采取的措施和整改办法。如燃料元件检验技术要求二机部、冶金部从速攻关，铪控制棒棒材无法满足供应可采用其他材质来代替，一回路、二回路管道应力的问题要求结构应力研究尽快完成试验分析，提出可靠数据，迅速改进等。他们还要求设计人员尽快考虑制订模式堆的物理、热工、水力、化学、剂量屏蔽、结构力学的实

测方案和非标设备订货。

根据复查结果和修改意见，715 所于 1969 年 7 月终于完成了模式堆总体及所属系统设备的安装图。为验证反应堆物理设计，1970 年 5 月在九〇九基地建成的 1∶1 零功率装置成功达到临界。零功率试验是指在反应堆功率水平很低的情况下进行反应堆的物理特性试验。对于一个新设计的反应堆，只有物理理论的设计是不够的，要从试验的角度验证理论设计的正确性，提供可靠的数据。虽然物理理论计算组已经做了很长时间研究和计算等的准备，也用小堆的实验数据进行了修正，但还是没有十足的把握，所以才建了大型的 1∶1 尺寸的零功率装置。

为确保模式堆启动的万无一失，彭士禄、赵仁恺和相关人员研究后，决定用镉控制棒和可燃毒物管和元件装入零功率装置进行验证实验。经过 15 昼夜运行，发现堆内中子注量率分布不均匀。经过反复计算并采取补救措施，初步认定是可行的。新方案没有试验依据，存在一定风险，赵仁恺根据计算成果，认为该方案虽然存在风险，但尚有堆内测量系统和其他测量手段，是能够指导反应堆安全运行的。于是，彭士禄拍板决定采用该方案。

## （二）模式堆安装现场

核潜艇陆上模式堆安装调试与运行的那段经历，

是赵仁恺一生都难以忘怀的岁月。作为现场指挥部主要技术负责人之一的他，为确保核潜艇陆上模式堆安装调试与首次满功率运行成功，制订了模式堆动力装置五大战役的计划，这个计划分工明确，由于作业多采用立体交叉的模式，层次分明，接口清晰。

参与过陆上模式堆建设的老一辈科技人员与工人干部，无不想念室厅内身着“白大褂”、现场身着蓝色工作服的赵仁恺，人们亲切地称他赵总。他常常和大家挤在卡车上，带着笑意与祥和，不顾风雨，不论颠簸，都和战友们紧紧地挤在一起，往返在住宿处与现场之间，那画面就像排列在堆芯的组组燃料元件，杵在一起就是为了发出光和热。连通基地和反应堆厂房的路虽然修好了，但完全是土路，也就是在泥土上垫一层碎石块。晴天时路面上一层很厚的浮土，汽车开过，扬起一条灰龙。下雨的时候，路上就是一层烂泥，车子开在这样的路面都不敢停一停或者减减速，否则就会陷进泥巴里。

班车是敞篷的解放卡车，一行人站在车里，摇摇晃晃一两个小时才能到目的地。四川的雨水特别多，几乎一年四季都要穿着雨靴。而且雨靴只能挡住泥巴，挡不住雨水，下雨天车里很快就积起水，双脚就只能泡在水里，走进办公室，一踩一声“咕叽”。雨靴里面干了湿，湿了干，脚常常泡得发白，成了烂脚丫，实在没法穿了，就在雨靴里面垫上一些棉絮或干稻草。

生活虽艰苦，但赵仁恺他们没有抱怨，以苦为乐，以苦为荣。因为他们心中都怀着一个共同的伟大目标，那就是不惜一切代价，不畏一切困难，独立自主、自力更生、艰苦奋斗、奋发图强地建成我们自己的核潜艇动力装置。

图 14-1　身穿“白大褂”的赵仁恺

细节决定成败！赵仁恺就是在这个庞大系统工程中把握细节的定海神针。他总是出现在一线，和二三公司一处的安装工人在一起，在核动力装置十几个作业舱里参加设备安装中的找平、对中，商讨解决办法，提出应对措施。

在压力容器与支撑裙焊接时，由于要求焊接结合部必须能承受百吨静重和克秒的瞬间冲击力。为了突

破这项技术，工地成立了焊接突击队。焊接“坡口”温度高达250摄氏度，这是焊接最佳状态，突击队员轮番进入焊接岗位实施抢焊，由于温度高、空间小，不少人昏倒在现场，但焊接不能停止，于是第二、三批突击队员轮流上阵，终于在1969年9月30日凌晨圆满完成焊接。赵仁恺全程参与了这项工作，始终在现场进行技术指导，他被工人们的智慧和毅力感动，他忙碌的身影也感动着现场的工人。

反应堆的安装工作是核动力装置安装的关键。为了保证模式堆安装的顺利进行，早在1970年2月4日，中央核潜艇工程领导小组便要求一机部、二机部、六机部、七院等院所所属的17个厂、所派有经验的技术干部和工人，携带专用工具和备品备件到模式堆现场配合安装调试。为了精心组织领导，统一协调统筹指挥，军管会和现场指挥部要求现场科技人员工人干部要执行三班倒作业，党政人员要随时支援安装调试第一线。领导干部食宿在现场，昼夜协调和及时处理安装调试过程中出现的问题。

堆芯安装是模式堆建造的关键。安装质量的好坏不仅关系到堆本身的安全，而且影响整个工程的进度。如燃料元件组件、中子源、控制棒、测量部件以及压紧弹簧、压紧筒、驱动机构等的装配工艺技术都十分复杂，组装元件还有发生物理临界的危险。为此，基地现场指挥部要求赵仁恺及其工艺技术小组，要制定严密的安装工艺和程序，以及防止临界事件（或事故）

的安全措施。为了万无一失，现场指挥部还成立了以设计和检修工人为主体的“三结合”装堆小组。装堆小组经过两个多月的技术准备，解决了装堆过程中孔系对中配合间隙、热膨胀间隙、密封贴合定位等技术问题，熟练地掌握了专用工具、量具、光学对中仪器等设备。

1970 年 3 月 29 日，在赵仁恺及其工艺技术小组的监督下，装堆小组实施吊篮堆内预装，经过 14 天艰苦努力，采用光学对中的办法完成吊篮中心孔线与压力容器的中心线重合，12 日在压力容器和吊篮上做标记，完成吊篮组装后整体入堆。19 日开始堆芯部件堆外预装，发现控制棒导向活塞有卡死现象，危及反应堆正常启动和停堆。此时全部更换已来不及，装堆遇到第一道难关。为保证进度，退货来不及，为抢时间，赵仁恺领导的工艺技术小组决定采用选配和修磨相结合的办法修正误差。选配是项工作重复性大、细致的手工劳动，经过装堆小组 10 余人，27 天夜以继日，轮番上阵进行艰苦的配装和近千次的组合与反复配试，于 5 月 16 日完成全部选配，导向筒活塞运动自如。近两个月的时间，直至完成全部装备，赵仁恺及其工艺技术人员这才从连轴转的选配场中下来休息。

燃料组件堆外预装是确保燃料元件安全入堆前的一个重要环节。为减少堆芯中冷却剂的泄漏，保证元件头尾部与上下栅格板配合间隙，赵仁恺及其工艺技术人员提出进行堆外预装。为了保证预装过程中不发

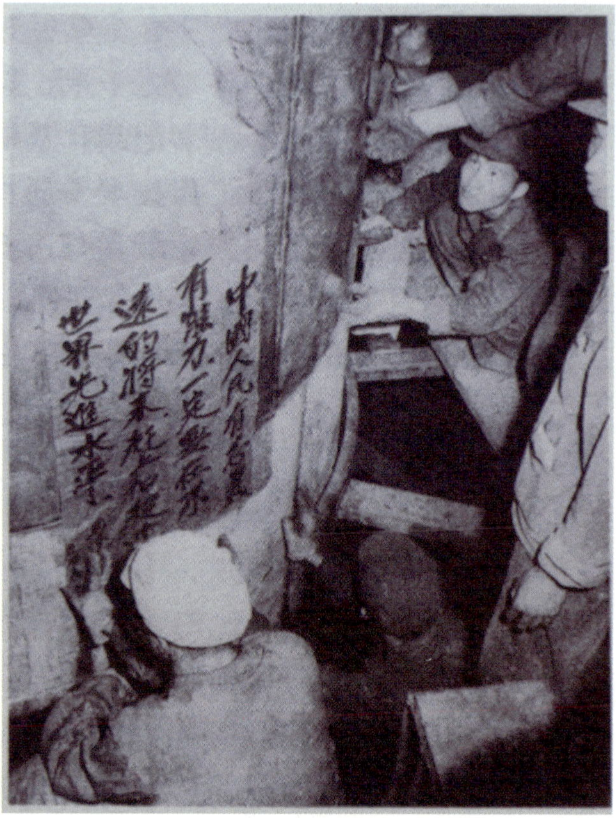

图 14-2　陆上模式堆安装厂房现场一

生任何磕碰事故，保证堆芯清洁度。工艺技术领导小组还多次组织人员对燃料组件进行检查、清洗，并制定元件搬运措施和试装程序。5 月 1 日，第一轮预装就发现燃料组件与吊篮上栅格孔配合较紧，有装不进去的现象。经赵仁恺及装堆小组人员仔细测量发现吊篮上栅格孔加工过程中存在较大锥度，偏差有－0.05

毫米。如果退货，将严重影响工程进度，现场指挥部彭士禄、周圣洋等领导立即赶到现场，要求工艺技术小组连夜召集装堆人员研究讨论解决的办法。

赵仁恺和相关人员经过多次研究，决定采用铸铁棒加磨料的办法，研磨吊篮上栅格孔径。由于场地限制，吊篮直径只能容纳三个人工作，现场指挥部决定在装堆小组内挑选技术精湛的共产党员强全生、李树山、冉起泉等人组成突击小组攻克装堆过程中的拦路虎。为了保征堆芯吊篮高度的清洁，突击队员身穿专用工作服，24 小时轮换研磨，经过六昼夜紧张抢攻，终于在 5 月 28 日顺利完成燃料元件预装。赵仁恺与装堆人员同吃同住在安装调试现场，为排除装堆过程中出现的公差，他秉承了严谨求实的科学态度，不仅指导制订了研磨计划和工序，确保了质量，还与技术人员、工人共同攻关六昼夜，才终于搬开了这块拦路石。六个昼夜的煎熬，使他一下现场就和衣睡倒在值班室。

5 月 29 日，在中子源入堆时，又发现间隙不匹配，只有研磨小中子源头部。但钋铍中子源有强放射性，通常是远距离用机械手操作。现场无操作工具和屏蔽条件，怎么办？困难面前，工程师范井仙、工人强全生自告奋勇地用电动砂轮进行修磨，直至解决中子源配装问题。6 月 10 日，装堆小组完成入堆前最后准备。堆芯安装又经过 15 昼夜紧张的吊装和反应堆顶盖焊接后，完成堆顶部件的安装。

汽轮机重达 20 吨，为了保证吊装过程中不被磕

碰，赵仁恺与安装工人、前来援助抢建的军人和设备制造厂的技术人员，在有限的舱室空间里低头弯腰地完成找平、对中、就位。不论哪个单位的人喊他，他都会笑容可掬地出现，帮他们分析疑点、找到解决途径，从不半途而废，直到问题解决，他才离开。通过近三个月的艰苦努力，经多方的共同奋战，终于在 4 月 9 日完成主汽轮机及其系统的安装。4 月 28 日，一回路、二回路安装工作终于全部完成。

综合调试，是在反应堆启堆运行前，对装置各系统、管道、安装质量，系统与系统之间设备协调状态等进行的全面检验工作，以保证模式堆正常启动。1968 年 3 月，二机部便从原子能所重水堆上抽调 22 人筹建模式堆运行队。11 月，又相继从上海、成都等地抽调一批有电厂运行经验和机械电气检修等专业的技术工人。

综合调试是在贯彻边安装、边调试的情况下，按单项调试、系统综合调试和冷热试车等步骤，分别为一回路、二回路两大部分进行。赵仁恺在这种立体交叉安装调试现场，殚精竭虑，使出了浑身解数，绞尽了脑汁。一回路通过了设计参数的打压试验，二回路的热试车综合调试中虽有波折，但在工艺技术人员指导下，很快恢复正常。

反应堆控制系统、物理、热工测量系统、电气、空调系统的综合调试全部于 6 月 28 日完成。除了主厂房里的忙碌，整个九〇九基地也都是一派热闹的景象。

此时，模式堆以下沿道路和江边已经像瓜蔓一样，星星点点盖了许多工棚、宿舍和办公楼。公路是沿着陡峭的山壁开出来的，路面很窄，只容一辆车行驶，虽有专设的错车处，稍宽些，但从下面仰望看上去，道路就好像是悬空在半山腰的带子，很危险。尤其是在拐弯处，如果遇到雨天路滑，一不小心车就会翻到几十米深的山沟里。曾经就有车毁人亡的事故在这条路上发生，后来人们在危险处设立了标志牌。施工繁忙的时候，盘山公路上喇叭轰鸣，汽车来回穿梭奔波，还夹杂着一群群头戴安全帽的施工人员和拿着资料袋配合施工的技术人员。晚上挑灯夜战时，远远地能看到点点车灯在山谷里一闪一闪地游动。

6 月 28 日 15 时，是中国核动力人难忘的时刻，由他们自力更生、艰苦奋斗、奋发图强、设计研制 10 余年的中国首个核潜艇陆上模式堆建成并首次达到冷态临界。两天后，达到热态临界，具备提升功率的条件。启堆提升功率万事俱备、只欠东风。

## （三）模式堆启动

陆上模式堆安装调试完成后，随即进行启堆试验，1970 年 5 月 18 日，核潜艇工程领导小组指示现场成立模式堆启堆运行小组（以下简称启堆小组）。启堆小组要求安装一处工人、设备制造厂人员要配合现场技术人员，基地党政后勤人员要枕戈待旦，听候调遣，

共同做好启堆工作。这是赵仁恺又一段难以忘怀的忘我战斗历程。

所谓陆上模式堆的“启动”工作，就是把试验验证后的堆芯燃料组件和控制棒组件放入模式堆的压力容器中，然后提压、升温、提控制棒，使中子链式核反应“燃烧”起来，把反应堆的功率提升到设计水平。这是一个复杂的过程，需要非常严密的程序操控，更重要的是，启动的成功才能说明前期所有工作的成效，这是一次全面考验，也是赵仁恺为核潜艇工程付出多年心血最终交卷的时刻。中国大陆境内首次实现核能发电的光辉时刻即将到来。

6 月 31 日凌晨，国务院总理周恩来接到罗舜初将军“模式堆达到热态临界”的电话，他立即对罗舜初作出指示：“请他们派人来京汇报。”

7 月 1 日，现场指挥部组成以军管会主任王汉亭为组长、工程技术总负责人彭士禄、现场生产组长昝云龙为组员的赴京汇报小组。

7 月 5 日，汇报小组风尘仆仆赶到北京。

留在现场的赵仁恺热切期盼着党中央国务院给他们的好消息。

7 月 16 日，赴京汇报小组和周总理派来的以吕应中为主的专家指导小组乘专机降落在军用机场。尽管抵达现场已是傍晚，但彭士禄等人还是在长达 1 公里近 2000 余人的欢迎队伍里找到了赵仁恺。彭士禄挽着赵仁恺兴奋地谈周总理听取汇报的过程和指示，根本

就没有时间顾及这条欢声雷动的欢迎人流和诸如“热烈欢迎党中央、国务院派来的专家指导小组”等漫山遍野的标语和口号，直接走进模式堆厂房，直奔三楼中央控制室。

“一切为了试验!”

“活着干，死了算!”

“党中央在看着我们!”

“毛主席在看着我们!”

面对试验大厅里这一幅幅震撼人心、令人振奋的标语，周总理派到现场的核潜艇工程协调办公室主任陈佑铭、清华大学教授吕应中等专家也被感染，倍感振奋。现场指挥部指挥长何谦立即决定在模式堆主控室召开运行人员“启堆运行誓师会”。会后现场指挥部与启堆领导小组一致决定 17 日凌晨 2 点启堆。启堆运行工作，是按现场指挥部制定的模式堆 10 个阶段提升功率进行准备的。此时万事俱备，只欠东风。就在此时，国防科委的专用电话铃响了。

电话是核潜艇工程领导小组副组长罗舜初将军打来的，他对接电话的核潜艇工程协调办公室主任陈佑铭说：“周总理刚才来过电话，问你们到现场没有，有什么消息要随时报告，确定启堆时间后，马上报告周总理。启堆后，必须要保证电话线路的畅通。”

当罗舜初获悉 3 小时后就要启动的消息后说：“我马上向周总理汇报。”

20 多分钟后，罗舜初将军打来电话，要求指挥部

贯彻周总理的指示说：“周总理要求不要急，要仔细做工作，仔细检查。”陆上模式堆由两万多台件设备构成，且绝大部分是由非标准试制成功的设备、仪器、仪表组装起来，而且是中国首次可控核裂变反应堆，周总理对于这个庞大的钢铁躯体的担心不是没有道理的。虽然这些产品绝大多数是试制和研制成功的，但除了主要的关键设备是通过有条件验证出厂外，绝大部分都是赶时间制造出来的，这中间不论哪台设备或是系统中哪个环节出了问题，都可能引发事故，科研设计中也难免长征中的“土城意外”。

技术人员们都憋着一股劲，为完成毛主席的伟大誓言，奋力工作。为了克服堆芯功率监测的盲区，物理组在反应堆垂直孔道中安放一个中子电离室，但是电离室的屏蔽电缆是防鼠的不锈钢丝网与铜丝地线，必须用短路冲击焊的特殊方法才能接上，否则信号的噪声很大，影响功率测量。有一天晚上，物理组的两个小伙子商量好在实验大厅加班时实施操作。他俩刚把不锈钢丝网与铜丝地线接上，两极一碰，只听“啪”的一声响，火球一闪，电离室地线瞬间就焊上了，但整个大厅照明灯全灭了，一片漆黑。很快，几个人气势汹汹地拿着手电筒上来询问状况，好像审问犯人似的。看这架势不对，其中一个小伙子赶紧说：“我刚才不小心短路，可能是保险丝烧了。”对方并不相信他的说辞，大有兴师问罪之势，说：“你们在大厅操作，是谁批准的？”

这时，赵仁恺也赶了过来，他是启动小组负责人之一，两个小伙子才松了一口气。他问清楚情况后跟那几个人说："他们上午安电离室时给我讲了。"有了赵仁恺出面，这两个小伙子总算没有被追查，否则，在"极左"思潮盛行的年代，一个小小的技术事故也许会被放大为"阶级斗争"的严重事件。

图 14-3　某试验前学习

7 月 17 日凌晨 2 时，模式堆动力装置按计划在热态下开始启动。

一场消息直通中南海的模式堆动力装置启动提升功率的试验，就此拉开序幕。

主控室内，彭士禄、赵仁恺，以及当值的操纵员和值班长，几十双专注的眼睛都汇聚在仪表盘上。经过 20 多小时的紧张操作，反应堆控制棒指示仪上显示物理、热工、均正常。但堆顶观察测量却送来“堆顶物理测量管与堆顶部件焊接处有渗漏”的信息。

“立即降温降压!”彭士禄对值班长下达停堆的命令。

彭士禄向国防科委电话汇报了故障情况。

现场立即成立焊接抢修小组，抢修小组人员在停堆十几个小时、堆顶尚处于高温、高压的状态下，就开始施工了。明知有辐射剂量，但大家还是不顾一切地钻进堆顶测量管渗漏处，由于工作场地狭窄，又是高温，而且焊接质量要求高，大家只能轮流操作。焊工师傅梅树才第一个卷曲着身子钻到故障处实施焊接，经过 1 小时抢焊，经打压试验，还有渗漏，继续焊堵后，打压还有渗漏，又经过工艺技术小组指导和专家们群策群力研究讨论后，制定了新焊接方法，继续奋战，终于在 23 日凌晨抢焊人员才堵焊住了渗漏处。

23 日 6 时，反应堆经过几天的反复检查和三次对渗漏处打压检验，再次具备了提升功率的条件。

经国防科委批准，罗舜初将军转告现场，周总理

曾10多个小时守候在电话机前询问抢修情况，并指示："下阶段试验要加强现场检查，越是试验阶段，必须全力以赴，丝毫不苟，才能符合要求，取得全部数据。"

23日8时，反应堆在周总理的嘱托声中再次升温升压。

两天两夜过去了。按照规定，"启堆领导小组"成员彭士禄、赵仁恺、符德璠随运行人员三班倒，但赵仁恺却始终坚守在现场，没有离开现场一步。高度的责任感驱使着他忘记一切疲劳，困了就和衣倒在控制室旁的测量间，和走廊上到处是枕戈待旦的外援的干部和工人一样梦想着成功那一刻。

25日凌晨6时2分，主控室传来值班运行人员喜悦的声音，堆功率达到9.6%，赵仁恺命令核动力装置两台发电机并网带负荷运行。

这是无数人为之激动的时刻，这是中国大陆境内首次实现核能发电的光辉时刻。中国核科技工程技术人员在党中央国务院国防科委的领导下，经过十余年艰苦卓绝的努力，以只争朝夕的精神翻开了核能应用的新篇章！

28日9时，反应堆功率达到35%，并在此功率上运行20多小时，核动力装置各系统运转正常，也取得了计划中所有试验数据和参数。正当反应堆向另一个功率阶段发起冲击的时候，29日傍晚，反应堆主冷凝器冷却水的水源被山洪暴发后的漂浮物堵塞，赵仁恺

他们不得不被迫再次停堆。

又经过 10 多个小时抢修，30 日 14 时 30 分，反应堆稳压器再次建立汽腔。在经过几小时的功率阶段运行后，堆功率达到 63%，核动力装置一切运行正常。

31 日凌晨 3 时，反应堆功率已提升至 92%，在此功率上经过十余个小时的运行后，各系统、经过各类测试、测量后，一切正常，当班的现场指挥赵仁恺发出向满功率冲刺的命令。

然而，经过设计、运行和现场保驾护航主机生产厂家技术人员近 5 个小时的艰苦努力和反复多次的功率测试与校验，终因主汽轮机喷嘴前蒸汽压力达不到设计值，使主机达不到满功率。“启堆领导小组”命令暂停满功率试验。31 日 9 时，模式堆按计划稳步降功率，23 时正常停堆。

8 月 1 日，现场指挥部专家指导小组召集前来保驾多时的哈尔滨汽轮机厂、703 所、工艺技术队设计人员和工人到现场开会，会上成立攻关组。后经攻关组 20 余天的改进和完善，反应堆于 25 日再次具备提升功率的条件。当天，国防科工委副主任罗舜初将军批准了“启堆领导小组”再次提升功率的请求。

8 月 28 日凌晨 2 时，模式堆经过 50 多小时的启动提升功率，再次达到堆功率 92%，但主机仍然达不到满功率。现场的气氛有些紧张了，许多人议论纷纷，担心模式堆建设有问题，压根不可能达到满功率。但以彭士禄、赵仁恺为首的设计人员根据测量到的所有

的物理参数表明，反应堆是能够达到满功率的，问题应是出在主机自动调压阀上，这成了卡脖子的难关，怎么办？再次开会商讨！

“周总理在盼着我们！”

“中央军委在盼着我们！”

“宁掉十斤肉，也要让毛主席睡好觉！”

商讨会议上，哈尔滨汽轮机厂、703 所、上海汽轮机厂派来的技术专家以及工艺技术人员、设计人员与“启堆领导小组”的领导和指导专家们如坐针毡，焦急万分。

会上设计人员徐炎初提出一个大胆设想，能不能改自动调压为手动调压，增大进汽流量。这个设想是当时完成满功率、保证进度唯一的不得已而为之的办法。彭士禄和赵仁恺力排会议上的争论，决定进行试验，以验证是否是自动调压阀的问题。徐炎初自告奋勇地提出：“我只需要一个人配合我，我们分别在左、右舷的自动调压阀上，实施手动操作即可！”

箭在弦上，现场指挥部最终同意了这个惊人的举动。

8 月 30 日 13 时，徐炎初和另外一个技术人员用双手提起了自动调压阀的阀闸，仅仅几分钟后，赵仁恺就得到值班长庄重而清晰的声音，主机已达到百分百的满功率运行。现场内外一片欢呼雀跃，掌声雷动，鞭炮齐鸣，有人高兴地跳起来，有人流下热泪。

运行人员在此功率上又进行 5 小时物理、热工、

振动、噪声、压力等测试实验取得大量数据后，为进一步检验反应堆超功率运行能力，经国防科委同意，反应堆功率达到 101.2%，主机功率也相应得到提升，至此核潜艇陆上模式堆完成首次满功率运行。中国核动力装置首次 158 小时运行实现了满功率运行，验证了设计的正确性、可靠性与安全性，锻炼了一支能应对各种工况运行的队伍，考验了现场组织指挥能力。提升功率各阶段的物理、热工、屏蔽、应力、动态过程、化学、振动、噪声等数据证明，反应堆各系统设计、布置合理、系统运行正常，核动力装置的自稳自调性能良好。热工测量表明，反应堆尚有较大的超功率潜力。动力舱内通风空调性能良好，辐射剂量、屏蔽状况经军事医学科学院监测，舱内外各区域的辐射量均在允许范围内，人和设备是安全的。

在保证陆上模式堆启动到满功率运行成功的 70 多个昼夜里，虽然赵仁恺已不是领导小组的主要技术领导（“文革”的原因），但现场指挥部还是相信他，支持他，坚持要他在陆上模式堆调试启动运行的现场。他和彭士禄、符德璠并肩在一线指挥，分别值守三个班次。在现场的日子里，他时刻牢记周总理关于陆上模式堆启动时的电话指示：“加强现场检查，越是试验阶段，越是要全力以赴，丝毫不苟，才能符合要求，取得全部数据。”为此他深感责任的重大，不敢掉以轻心，为了确保各项试验的成功，他深入到模式堆的主控室、主辅两个机舱六个层面上摸爬滚打，穿梭与巡

视，听取操纵人员的意见，解决启动和运行中的问题和故障。

陆上模式堆在启动运行过程中，不知是巧合，还是二机部的安排，陆上模式堆上的几项重要的操作，如第一次反应堆临界、第一次提升功率、第一次核发电、第一次冲满功率，都是安排在赵仁恺值班的时候执行。这许多的第一次，无不在考验着他的科技能力，锤炼着他的毅力，检验着他的责任心与不畏艰险勇于开拓的人生。

当这个举全国 24 个省市 2500 余厂家之力研制成功的 2 万余台件的设备与产品在模式堆现场发出满功率运行时，赵仁恺和他的战友与同事们也收获着从研究设计、安装、调试、运行成功的巨大喜悦。

# 第十五章　积蓄核动力

由于历史原因，陆上模式堆建成之后，潜艇核动力研制力量进行了分割。赵仁恺带领留在二机部的一帮人坚守模式堆，进行核动力基础研究工作，继续开展模式堆运行试验，领导了模式堆开盖卸料、首艇开盖卸料工作。这是历史的安排，对赵仁恺本人而言，这是一次牺牲。但他执着的认为，推动中国核动力事业任重道远，需要有人付出，有人坚守。他决心继续努力，尽自己所能为中国核动力事业继续贡献力量，为党和国家做出新的贡献。

## （一）坚守九〇九基地

1970 年 11 月 6 日，国防科工委与海军联合发通知。将反应堆一回路的研究设计划归了负责潜艇抓总的六机部七院十九所，二机部第一设计院仅负责反应堆本体的研究设计。1971 年初，彭士禄率反应堆及其一回路、设计人员数百人赴核潜艇制造厂参加首制艇的安装、调试和启动、试航、服役。后来，由于体制调整，这几百名从事反应堆一回路人员留在了武汉十九所。

面对体制和人员变动，尽管赵仁恺和同事们也非常不解，但他们很快接受了这一现实。为了继续推动中国的核动力事业，他们凭着对党对人民高度负责任的态度，在困境中探索开展研究设计，推动核动力在军民用领域的应用。赵仁恺认为，只有这样不断地应用与实践，核技术才有可能得到发展，才能进一步完善反应堆工程试验基地。在二机部的任命下，赵仁恺担任第一设计院的总工程师，继续带领留下的设计人员开展核动力基础研究工作，并继续开展了长达八年的模式堆运行试验。

模式堆运行从 1970 年 7 月 16 日到 1978 年 12 月 28 日，共经历 16 个阶段，610 天的运行，完成了 305 个满功率天。8 年半运行试验，验证了核动力装置的设计、总体布置和安装质量，考验了设备、系统，消除了运行中暴露的缺陷，基本摸清了核动力装置的工

艺特性和设备性能，改造和完善了数百项不合理的部分设计。在模拟实艇“长航”“机动灵活性”“最佳提棒方式”“事故工况”等各种工况下的运行和事故处理中为核潜艇部队提供了丰富的经验，向有关单位输送了一批有实践经验的技术骨干，积累了大量运行、检修、管理经验；建立和完善整套运行和检修规程，并在此基础上编写了《核动力堆运行十年》经验总结。模式堆的运行实践为我国第一艘核潜艇出海试验打下了基础，为后续核潜艇部队也提供了大量可行的装置运行规则和运行、检修、管理经验，改进和完善了系统、设备，为第一代核潜艇定型设计提供了可靠的依据，而且也为我国核电反应堆的发展提供了人员和技术储备。

“潜艇陆上模式堆全寿期运行试验”荣获 1978 年全国科学大会奖和 1980 年国防科技委员会科技一等奖，赵仁恺作为第二完成人荣获大奖。

面对这一切，赵仁恺感慨万千。他说，他非常幸运地组织领导了工程设计、安装、建造、调试、运行、开盖卸料及其退役的整个过程，见证了我国核科技工作者自力更生、艰苦奋斗地建成了中国核潜艇，实现了党中央 20 世纪 60 年代末“两弹一艇”的战略目标。他非常幸运地能和核潜艇核动力装置研制队伍一起完成这项“振军威、扬国威”的伟大工程，能和研制生产建造和运行人员结成深厚的战友情谊，这是在研制攻关大道上通过大力协同和团结协作结成的牢固友谊！

他与这批视国家利益高于一切、视忠诚使命重于一切的第一代核动力人一样，仅仅是为了实现自己的报国梦，呕心沥血，殚精竭虑几十年，干惊涛骇浪事、做隐姓埋名人。

1974 年 8 月 1 日，我国第一艘核潜艇“长征一号”交付海军服役，海军司令员肖劲光大将在海上检阅了我国第一艘核潜艇。赵仁恺作为科技工作者的代表，光荣地站在核潜艇舰桥上，他是唯一的没穿军装的“老百姓”。

军旗飘飘，军号嘹亮，肖劲光大将站在挂满彩旗的指挥舰上，上下各层弦侧整齐划一地排列了白色军服的海军战士，在舰桥、桅杆、舰炮背景的衬托下，军容整肃，军威浩荡。肖劲光大将宣布了军委命令，中国第一条核潜艇被命名为“长征一号”（舷号 401）。这也意味着核潜艇研发设计和建造走出了万里长征第一步，中国有了自己的核潜艇部队，实现了毛主席“核潜艇，一万年也要搞出来”的愿望。

核潜艇舰桥上核潜艇支队长、艇长、信号兵向首长行举庄严的手礼。赵仁恺作为一名科技工作者，行注目礼。此情此景，使他永世难忘。那一幕幕场景永远烙刻在他的脑海中，激励着他，鞭策着他，使他感到骄傲与自豪。

1971 年潜艇核动力装置下水以后，第一设计院长期没有得到明确的任务和确定的科研方向，科研经费越来越少，许多科研工作无法展开，除模式堆试验运行的日常工作外，就是为后续潜艇核动力装置建设做些现场技术服务，科技人员工作量不饱和的现象日益凸显。

图 15-1　朱德委员长（前排左二）等检阅中国第一艘核潜艇

受到各种因素的制约，第一设计院科研工作基本处于一种停滞状态。风向不定难举旗，目标不明弓难张。中国的知识分子有一种传统的性格，不怕苦，不怕累，就怕“拔剑四顾心茫然”的徘徊无计。正所谓：

“乍暖还寒时候，最难将息。”很多人觉得看不到核动力技术发展的转机和希望，选择了另寻发展出路，一些设计科研人员找关系调离九〇九基地到别的单位工作，还有不少人干脆放弃核专业下海经商。面对这一切，作为副院长和院总工程师的赵仁恺心急如焚。

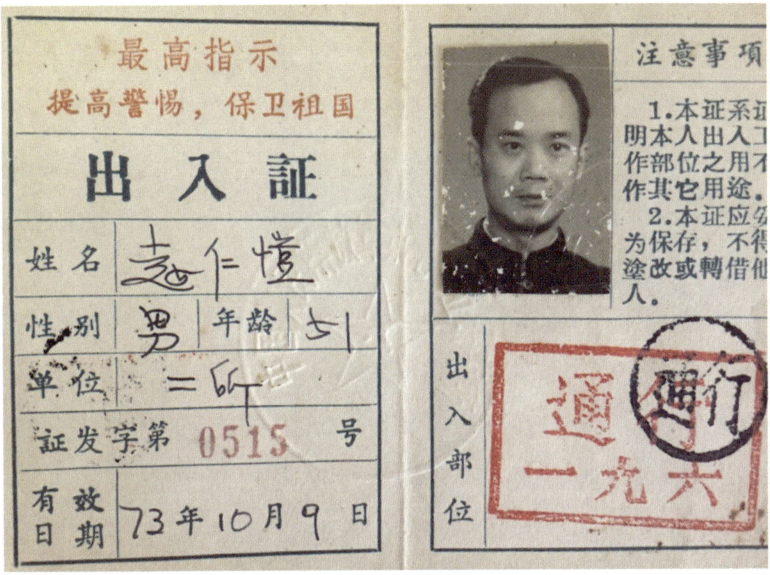


图 15-2　赵仁恺在模式堆的出入证

赵仁恺知道，核动力作为国家战略核威慑力量的重要组成部分，未来必将在国防事业中发挥重要作用，而未来核动力技术研发的重任将责无旁贷地落在第一设计院肩上。第一设计院要充分地认识到核动力技术复杂、研发周期长的特点，临时来不及，要有预见性，必须要有技术储备，有预先研究。于是，在经费有限、没有大型科研计划及型号研制项目支持下，赵仁恺带

领第一设计院自己动手，自筹经费，自主设计，自主开展新型核动力装置的科研攻关。

赵仁恺多次跟科研人员指出，第一次搞核潜艇时，我们主要应以稳、实为主，是解决有无核潜艇的问题；“扬国威、振军威”后的下一步研制工作，应以跨越为先，赶超世界先进水平。要开展新技术预研，步子应跨大一些，以尽快赶超世界先进水平为目标。但在实施过程中，应根据实际情况，分阶段实现，成熟一个上一个。他指出，潜艇核动力装置研发重点应以简化系统、缩小体积、减轻重量、提高安全性和可靠性，以赶超世界先进水平为主。

赵仁恺的真知灼见与战略预见性很快便得到上级认可，预研工作从此顺利开展。也正是由于赵仁恺的高屋建瓴，为我国开展后续核动力装置研制奠定了基础，对推动和发展新型核动力装置的研制起到了十分重要的指导意义，为赶超世界先进水平赢得了宝贵的时间与空间。对此他的学生刘聚奎认为，当今中国核动力研究设计院人之所以能在目前世界上最先进的核反应堆几大关键技术研制上有重大突破，没有赵总的长期坚持与不懈的努力，没有赵总可持续发展的指导思想为方向，是不可能完成的。

## （二）陆上模式堆退役

亲手建造陆上模式堆不容易，组织陆上模式堆退役更不容易。

图 15-3 陆上模式堆厂房外景

1978 年 12 月，模式堆在完成 305 个满功率天运行后，圆满完成了六大项重要任务。为了对设计设备、材质、制造工艺性能等方面进行全面鉴定，赵仁恺组织相关人员开展研究，提交了陆上模式堆开盖卸料请示。同月，二机部批准了开盖卸料请示，决定对模式堆实施开盖卸料，并要求第一设计院年底前完成开盖前卸料工具的检查和调试。

模式堆的开盖卸料及其退役是核潜艇从设计、建造、运行、开盖卸料退役工作中的重要部分。早在1975年开始赵仁恺便开始组织以负责开盖卸料设计的陈维本等人完成开盖卸料工具和设备的制造。1978年完成全部开盖卸料操作规程和必要措施。

模式堆开盖卸料是一项技术复杂、且在强放射性环境下的特殊工作。此时反应堆虽然停堆20个月，但堆芯燃料元件表面仍有100雷姆/分以上的剂量当量率，因此对开盖卸料工具的自动化程度、准确性、专用性等提出了很高的要求，只有这样才能保证操作人员基本的人身安全。

1979年7月13日，国防科委下达年内完成模式堆开盖卸料具体实施方案和计划。第一设计院成立了以杨履新副院长为组长的开盖卸料小组，当年年底就制订了技术准备、开盖卸料、物理试验三个阶段的工作方案和28项应急和保障措施。

1980年1月，二机部在批准第一设计院开盖卸料方案时指出："要加强领导，确保安全，万无一失。认真做好技术资料的搜集整理和总结工作，为首艇开盖卸料提供经验。"

经过几个月艰苦努力，1980年9月20日，在完成堆顶切割正常情况后，卸料工作正式开始。卸料工作不仅是检验核动力装置装配工艺、卸料技术和工艺的合理性，而且是一项关系到国家核安全、环境保护和周围居民生命安全的工作。卸料吊运前在杨履新副院长的带领下，赵仁恺又亲临现场作动员，他要求参加该项工作的人员工作中必须要牢固树立安全第一的意识，要有精益求精的精神和高度负责任的态度，卸吊过程中必须慎之又慎。卸吊是在额定吊力下对堆芯全部元件盒进行逐一试吊，先吊松动的，然后采用工人李树山提出的长杆工具松动，后吊卸的办法。经过39天细致艰苦的努力于11月14日完成卸料。后经物理热工结构元件材料等专业对元件逐一检查，未见裂变产物泄出，燃料元件棒束完好，现场和周围环境剂量均在安全范围内，对周围居民无影响，参与开盖卸料的295人无任何超剂量。

图 15-4　陆上模式堆退役现场

图 15-5　赵仁恺在陆上模式堆

模式堆开盖卸料及后续检查工作，验证了一代核动力装置设计、总体建造、运行试验是成功的，为首艇开盖做了充分的技术准备，为完善一代核潜艇核动力装置设计和第二代核动力装置研制提供了重要依据。

图 15-6 参加会议审议的赵仁恺（左一）

这次陆上模式堆的退役是一次成功的探索和尝试，积累了经验，锻炼了队伍，为后续潜艇核动力装置退役奠定了坚实基础。

1982 年初，接上级命令，第一设计院组织近三百人的队伍，在杨履新副院长的带领下，赴海军核潜艇基地参加首制艇的开盖卸料，并于同年底顺利完成任务后凯旋。

1983 年初，第一设计院向二机部提出《关于模式

堆二回路设备拆卸检查鉴定的请示》和改装方案，同年 5 月国防科工委批复：“同意核工业部的二回路设备拆卸检查鉴定的安排，至于改装待今后再议。”

1984 年 6 月模式堆开始二回路拆卸工作，11 月顺利完成全部二回路设备。经检查，证明主要设备如主汽轮机、发电机等磨损不大，制造质量是好的，设计是成功的。

## （三）赶超先进，继往开来

1985 年，赵仁恺作为第一设计院总工程师，编写并向核工业部上报了相关报告，核工业部随即也以正式文件上报国防科工委、海军和其他有关部委。在报告中，赵仁恺本着高度负责的态度，长篇论证了必须尽快解决核动力长期科研起步难的问题，详细而恳切地阐述了核潜艇是国家至关重要的战略武器装备，而核动力是它关键的组成部分。

虽然我国已经解决了核潜艇有无的问题，但不能满足于现状，更不能老是停留在原有水平上，应该百尺竿头、更进一层，继续向前发展。报告提出，世界核动力发展和我们核动力研制的经验告诉我们，没有扎实的预先研究工作，核潜艇装备质量的提高是难以保证。新的核潜艇装备更是无从谈起，核动力本身涉及的专业面广、工艺技术复杂，要求高、难度大、研制周期长，一旦国家需要就上不去，因此研制工作应及早安排预先研究，科研先行一步将争取更多的技术

储备，为进一步发展和提高打下坚实的技术基础。否则，不重视预先研究，新技术就断了源头，新一代核潜艇装备就失掉了基础，核潜艇装备质量就只是一句空话，我们再也不能像过去那样边设计边科研边建设。如今我国核科学技术也有了长足的发展，工业技术水平也有了较大的提高，科研能力和设计经验比以前丰富多了，随着国家科学技术的进步，我们有信心、有能力把潜艇核动力发展提高到一个新水平。

由于相关报告提及问题既深刻又现实，说理充分，选择的技术发展路线正确，科研方向明确，要求经费合理。报告上报后得到上级有关部委的共鸣与高度重视，时任海军司令员的刘华清更是对报告赞许有嘉。刘司令员在1985年8月1日作出批示："请李政委并常委阅，我们完全同意核工业部的规划设想，提出的问题很好，是对海军建设的极大支持。请海军协同有关工业部对相关研究项目亦应有个长远设想和预研工作的安排。还要向科工委建议列入长远规划。"

国防科工委也十分关心重视支持这项工作，经与有关部门协商后对报告予以确认，于1986年7月1日作出相关报告呈国家计委，很快国家计委便批复。从而使核动力科研工作纳入国家计划，经费得到了保障，长期困扰着科研的老大难问题得到满意的解决。这个令核动力战线喜出望外的结果极大地振奋了第一设计院广大干部和科技人员，专业技术人员的工作积极性和工作热忱被充分调动起来。

自此，第一设计院紧紧围绕核动力系统开展了数

十项专题论证，经部组织审查后，全面铺开了各项的科研。主攻任务明确了，科研有了方向，又无经费之忧，科研起步了，专业技术人员有了用武之地，外出“找米下锅”的设计人员也纷纷从上海金山石化、辽阳化纤、海南、西藏等地回流到九〇九基地，队伍终于慢慢地稳定下来，随着各项任务的下达，这无疑是给核动力人吃了定心丸。从此核动力事业有了重大转机和走向发展趋势和苗头。

由于看到了希望，信心得以增强，过去最让赵仁恺担心的核动力科研断线的问题也随之迎刃而解，正是有了相关规划，他们才能更加深入扎实地开展研究，并取得了可喜的科研成果，不断积累起来的科研成果和技术储备，对解决一代艇疑难杂症，使其在完善中尽快地形成战斗力发挥了重要作用。同时，为打基础、上水平、可持续发展的道路奠定了基础，迈出了第一步。后来新研制的核动力装置很快确立、质量、技术水平与作战能力使用性能的大幅提高，都得益于预先研究计划的成功。

回顾往事，赵仁恺非常感激二机部堆工处沈汝纯等科研管理干部，他们虽身不在要职，但他们凭着对核动力事业高度的责任感和赤胆忠心，他们将核动力人的梦想置于肩上，到各部委奔走呼吁。他们为相关报告能得到认可，奉献了他们的聪明才智。他们为核动力事业突破困境做了许多敢为人先的壮举。对此，时任国防科工委核动力总设计师的赵仁恺心存感激，念念不忘。

# 第十六章　守护核潜艇

作为《草案》的主要技术负责人、陆上模式堆的建造亲历者，赵仁恺是陪伴中国核潜艇事业时间最长的人之一，他对核动力可能存在的问题了如指掌。本着对核潜艇认真负责的态度，他多次参加核潜艇试验。事实证明，在核潜艇出现问题时，他总是能够及时化解，化险为夷，成为了人们口中的核潜艇的安全守护神。人们说，有赵老总在，就安心。

## （一）艇有危难可问谁

任何事物的发展都不可能一帆风顺，中国的核潜艇也不例外。经历了几轮波折后成功下水的核潜艇，在其安装、调试和试验中也遇到过这样或那样的问题。作为一个新生事物，很多人对其既陌生又恐惧，考虑到核潜艇的战略地位，如何确保核潜艇顺利完成安装、调试、试验，并圆满解决上述过程中产生的问题显得至关重要。

作为国家核安全专家委员会副主席，海军核安全专家委员会主任委员的赵仁恺，从我国第一艘核潜艇交付海军服役起，他就被核潜艇部队官兵称之为“核潜艇的保护神”。

图 16-1　中国第一艘核潜艇下水

图 16-2　在大海中游弋的中国第一艘核潜艇

图 16-3　中修时的中国第一艘核潜艇

赵仁恺的宝贵经验得益于长期的技术积累，得益于在科学研究与工程设计中的勤于摸索、善于总结，得益于他甘于寂寞、默默奉献的科学态度和对国防事业的无限忠诚。核潜艇陆上模式堆长达十年的运行，近500余项运行试验，试验的数据结果，模拟了核潜艇各种工况下的试验，模拟试验了各种事故情况下的判断和处置。这一切炼就了赵仁恺对核动力装置观察的火眼金睛，这一切成就了赵仁恺在堆工领域的德高望重，奠定了赵仁恺在核能领域的泰斗地位。

在核潜艇核动力装置研究设计、安装调试、运行、开盖卸料、退役等技术保障与服务方面，他均以渊博的学识，敏锐的观察与洞察能力，丰富的工程设计实践经验和解决问题的能力，化解了一道又一道的难题，攻克了一道又一道的险关。也正是由于他对核动力装置烂熟于心，对系统的熟悉程度，他对我国核潜艇反应堆及其一回路的每一次故障都能准确判断，正确分析，果敢处置。其判断与分析处置的正确率极高，从无大的差错。有趣的是，他每一次作出的判断和决定，总是显得那样从容、那样平平常常，没有任何含糊，不唯书，不唯上，只唯实。

赵仁恺个子不高、墩实，满脸的笑容堆积着慈祥，高高的额头下闪烁着一对笑眯眯的眼睛，闪闪地透着睿智，透着中国核动力人的智慧之光，人们从他每次所做的准确判断和正确决定中看到的是他的逻辑思维

与求实的科学态度。后来，大家只要有赵仁恺的签字，大家就坚决执行，认真落实。

20 世纪 70 年代，海军首艇试航发现堆顶出水口温度有偏差，还伴有轻微的响声，二机部副部长李觉闻讯后，极为重视，亲自赶赴现场了解情况，并向国防科委提出了问题的严重性。随后，核潜艇工程领导小组在北京召开会议。会议决定由核潜艇协调办公室、第一设计院、海军、核潜艇总体厂、海军某设计院等联合组成现场排障小组。

第一设计院领导经过研究，派出了赵仁恺亲自带队、以沈明道为组长的试验排障小组，奔赴实艇现场。到达现场后，赵仁恺对故障现场物理和热工进行了测量，对反应堆结构进行了具体的分析和研究，排除了“系温度仪表不准确、二回路蒸汽调压阀工作不对称等可能的故障情况”。赵仁恺又详细听取了现场人员的测量和分析，仔细地察看了航海运行记录，听取了部队操纵人员对现象的汇报，原来早在首艇试航时反应堆右出口处便有响声，只是响声轻微没有引起重视。赵仁恺和试验排障小组人员根据相关情况，综合分析后断定：“造成响声、温差现象系反应堆右出口处接管密封结构压紧弹簧失效，使固定套筒内的滑套滑动，引起漏水的撞击声响。”

这个结论一经传出，便引起核潜艇总体厂和海军某设计院人的不解和疑惑，由此对此分析结论产生了

争议和意见分歧。赵仁恺对反应堆结构的非常了解，他非常肯定声音出自堆顶部位。再加上他与试验排障小组人员交流得到的信息，他对这次诊断分析非常有把握，断定该故障是总装厂在安装时，由于安装未到位或错装导致相关问题。在专题讨论会上，核潜艇工程现场联合排障小组认可了第一设计院试验排障小组的判断。但对于排障处理，如何检修，何时检修，采取什么方式检修，众说纷纭。会议最终采纳了赵仁恺的建议——“目前故障对堆的安全运行无碍，但要采取限制高速工况下最大功率输出和低速工况下的最大功率输出措施，严密监督运行，加强观察声音与辩别，温差测量，及时反馈。”

其实，对于赵仁恺的判断与决定，最开始现场当时不少人为他捏着一把冷汗，核潜艇是海军的宝贝疙瘩，它的任何问题都会引起海军乃至中央军委的高度重视，丝毫含糊不得。但赵仁恺的令人信服的分析和自信的微笑使大家渐渐放心，也对他更加敬仰。会上海军有关部门同意了他代表第一设计院提出的限制功率运行的办法和措施。

此后，国务院、中央军委、核潜艇办公室多次召集会议，研究制定故障判断、分析处理方案的意见。70年代末最终确认了第一设计院提出的故障判断、开盖检查方案可行，海军有关部门最终决定利用首艇中修对反应堆进行开盖检修。

20 世纪 80 年代初，首艇经过多年运行和服役，决定开盖检查。在开盖的过程中，相关人员经过多天的努力完成了堆外顶部部件拆卸。随后，海军副司令员杨国宇，国防科工委副主任朱光亚、张震寰，核工业部副部长李觉到现场视察，检验以赵仁恺为代表的第一设计院试验排障小组的判断。揭开反应堆顶盖后，经过多天的紧张拆卸，反应堆右出口密封结构出水口显露，通过采用特殊容器工作孔观察，弹簧、内外滑套均处于自由状态，部件严重磨损。这次检查验证结果说明，这次问题“系安装不当配合间隙增大，用手晃动即发出金属撞击声”。这个结果完全验证了赵仁恺的判断，该问题确是由于安装未到位造成，问题判断准确无误。这次实战检验，进一步验证了赵仁恺的扎实技术功底、丰富的实践经验和出众的决断能力，一举奠定了赵仁恺所在的第一设计院核潜艇技术支撑单位的地位。

赵仁恺作为我国核潜艇服役的重要技术保障单位的总工程师，多次组织、参加保障与技术后援工作。每次他都是以高度的使命感和责任心，以渊博的学识、高超的技艺、准确的研判，圆满地完成了各项任务。

数十年来，我国核潜艇自服役到退役的全过程中均未发生过上等级的核事故，创造了奇迹。这个奇迹，与赵仁恺数十年如一日高度重视核安全、重视核安全文化的建立与普及息息相关。多年来，他在核动力战

线往复奔波上，与海军官兵结下了深厚的友谊。他与官兵在核潜艇舱室里促膝谈心、深入浅出地宣传核安全文化，分析介绍核动力装置的先进性、安全性，帮助大家消除恐核心理。还嘱咐官兵要认真学习和遵守操作规程，以有效减少和避免误操作，确保核潜艇安全。

赵仁恺学识渊博、严谨求实、平易近人，不仅深受核动力人的敬仰，也被核潜艇官兵奉为良师益友。他身先示范、为人谦逊、乐于助人，培养出了一大批训练有素、技术精湛、高学历、高素质、经得起严酷考验的优秀核动力设计人才。他身先士卒、恪尽职守、勤勤恳恳、兢兢业业，在多次处置故障中不顾个人安危、冲锋陷阵，屡屡化险为夷，这种高度的使命感、责任感，受到中央军委副主席刘华清和海军首长的高度赞扬。

## （二）写下遗书后参加试验

核潜艇完成设计安装后，还要进行水下试验，试验合格后，才能交付部队使用。作为核潜艇副总工程师，自首艇开展试验起，赵仁恺就不顾个人安危，多次上艇参加了核潜艇航行试验，为核潜艇交付做出了贡献。

核潜艇比常规潜艇更复杂，船体也大得多，但艇

内空间仍很狭窄，艇员们住处非常挤，能够搭床的小旮旯都搭起床，一个5～6平方米的小空间住六个人，一个7～8平方米的空间一般要住十人以上。年轻人气盛，汗脚的多，房间里味道不好，所以规定艇员们不能穿胶鞋，只能穿布鞋或皮鞋，可见生活有多艰苦。虽然艇上伙食还好，只是碰到风浪大，很多人吃不下饭。晕船的人更是不敢吃，因为吃了就要吐。有一次艇遇到大风浪，倾斜30度，所有人都吐了。年过半百的赵仁恺就是在这样的环境中，与年轻的战士们一起，守护着核潜艇，守护着祖国的海疆。

1988年，我国某型核潜艇在南海首次进行了深水试验。此次核潜艇深水试验主要包括极限深度下潜、水下全速航行等多项试验。试验的规模大、涉及面广、组织工作繁杂、技术难度高、潜在风险大，是对核潜艇及其武器系统的研究、设计、建造以及部队操作使用水平的综合性考验。

赵仁恺作为副总设计师兼潜艇核动力装置的技术负责人带队参加了这次试验，此时他已经65岁。战士们都担心他的身体，他笑着说："没关系，身体壮着哪!"在对事故预案的审查中，有人提出主泵断电后备用泵投入时间问题，因为关系到核反应堆的安全问题。赵仁恺等检查了控制棒的位置高度和核动力装置的技术现状，结合陆上模式堆和首艘核潜艇的试验数据，做了大量分析工作，得出了两台主泵同时断电后，只

要一台备用主泵在 1.8 秒内低速投入运行，就不会影响核反应堆安全的结论。打消了相关人员的顾虑，决定继续执行相关试验。

首先进行的是水下深潜试验。核潜艇离港后，航行数百海里进入试验海区。首次下潜时，实际潜深近 200 米，创造了我国核潜艇交付后的下潜记录。深潜过程中机械设备运行良好。在第二次深潜试验时，当下潜到 230 米后，艇内陆续发出令人毛骨悚然的“咔、咔”响声，在大洋深处听到这种声音，任凭谁都会心惊肉跳。潜艇继续下潜到最大工作深度后，艇体才不再发出响声。这时赵仁恺鼓励大家，解释说这是艇身在压力下产生应变而发出的响声，不可怕。潜艇继续下潜。当潜艇下潜的某一深度时，潜艇与水面指挥艇之间的通信一度中断。在这一关键时刻，有人主张马上上浮，有人主张继续下潜。赵仁恺凭借对动力的充分了解，同意继续下潜。果不其然，当继续下潜一定深度后，通讯又恢复了，大家高兴的欢呼了起来。潜艇下潜到极限深度并略有超出时，核动力及全艇机械各设备运转正常，试验获得圆满成功。

试验成功归来，当人们问及赵仁恺参加水下极限下潜紧不紧张时，他笑着说，我不紧张，我已经做好了充分的思想准备。凡事都有可能失败，但是不尝试，中国的核潜艇就永远过不了关。事后人们才知道，为了这次水下极限深潜试验，赵仁恺做了充分的准备，

并写下了遗书。几十年没有陪夫人旅游的他特地陪夫人旅游了一趟，还分别给三个孩子买了一块电子表。他交代同事，如果他这次回不来，就把遗书和三块电子表交给三个孩子，告诉他们父亲是因公殉职。正是赵仁恺这种把自己交给核潜艇事业的决心和勇气使他能够冲在一线，用生命守护核潜艇。

近 30 年后，当赵仁恺的家人从笔者的口中得知这个消息，动情地留下了热泪。尽管这次试验如此危险，但赵仁恺出于保密的需要，自始至终没有给家人讲述过这段经历。我们无从得知赵仁恺上艇前的心情，但我们能够想象到他当时置个人生死于度外的高尚情操，能够想象他坐镇一线开展试验的责任感和勇气。危险面前，舍我其谁！

水下全速航行试验是对潜艇动力性能和全艇机械设备以及指挥操作人员的技术水平、应急处置能力的巨大考验。这项试验的风险和难度很大，尤其在高工况下，对全艇机械设备的考核最为严酷。为了确保安全，核潜艇副总设计师赵仁恺、核潜艇总体建造厂厂长助理王道桐、核潜艇总体研究设计所副所长张金麟和某设计院副总工程师陈维本为技术负责人，由赵仁恺担任现场总指挥。

核潜艇编队起航后，在向试验海区航渡的过程中，先进行了高工况的摸底试验。螺旋桨转速从 125 转/分计到 183 转/分后，操纵台面板开始激烈振动，但是全艇机械设备、核动力装置、仪器仪表工作正常。

核潜艇进入试验海区后下潜到就位点，与配合舰船完成了两次水下测速合练后，随即开始测速试验。当螺旋桨转速达到198转/分时，运转正常。此时，反应堆的热功率还不到90%，主机进气量还可增加，艇上的专家与指挥员研究后，把螺旋桨的转速升至200转/分后稳定运行。检查机械后降速，结束试验，各测量点实时获得数据。核潜艇的航速达到设计值，主机功率略有储备，反应堆热功率仍有不少余量，整个动力装置的热效率比设计值高出2%。在高速试验中，反应堆控制系统和一回路、二回路全部投入自动状态，

图16-4 赵仁恺（中）在某基地与修船大队副大队长万志普（左）和副总工程师成广林（右）

跟踪性能良好，试验获得圆满成功。试验结果证明核动力装置经受了严格的考验，全艇机电设备、仪器仪表工作稳定可靠，反应堆整体屏蔽也达到了预期效果。

当时，很多人对核潜艇还存在顾虑，参加试验总是感觉不放心，但是只要有赵仁恺坐在身边，看着他笑眯眯的神态，大家就感觉很踏实，多次试验也验证了赵仁恺的精准判断，由此，官兵们都称总是笑眯眯的“赵老头”为核潜艇的保护神。

图 16-5　赵仁恺（右二）参加核潜艇试验归来

图 16-6　赵仁恺参加核潜艇试验

图 16-7　赵仁恺参加核潜艇试验后合影

图 16-8 赵仁恺参加核潜艇试验

自首艇建成后，赵仁恺先后共多少次被请上我国第一代核潜艇，连他也记不清楚了。但他熟悉反应堆控制室，熟悉装置的每一个系统和回路，指战员们有了他，看到他安详的神态，听到他亲切的指导，仿佛吃了一颗定心丸，核动力装置在指战员们的手中是那样温顺而听话。通过几个海洋层次、几道项目的不同试验，尤其是水下高速行驶时，反应堆良好的工作状况均取得满意的结果，深潜全速试验是成功的！参试人员和战士们一样心中充满了喜悦，大家都十分高兴。

图 16-9　赵仁恺（左二）参加核潜艇试验后合影

图 16-10　赵仁恺（左五）参加核潜艇试验后合影

实践证明，我国第一代核潜艇核动力装置设计、建造、运行是完全符合海军战略战术要求的，满足了我国战时战备的要求。这一切也证明以赵仁恺为代表的一代核动力科技工作者独立自主、自力更生研究设计的核动力装置是成功的。试验考核证明了我国第一代核潜艇核动力装置在极限状况下，性能具有安全性好，可靠性好、隐蔽性高，水下续航力强，机动性能好的特点，其主要战术、技术性能和指标均达到或超过美国第一代核潜艇动力装置技术水平。赵仁恺及其一代核动力装置研制者们向中央军委递交了一份满意的答卷。

1988 年 9 月 27 日，潜艇水下发射试验胜利返航后，很多人都争相与核潜艇合影留念。其中，最能记录时代印记的经典之作是核潜艇首任总设计师们的合影。我们铭记他们，感谢他们为中国核潜艇做出的重大贡献。

2003 年，在赵仁恺 80 周岁生日时，某潜艇科研单位赠送赵仁恺一艘核潜艇模型。80 岁的赵仁恺感慨万千，他的思绪中有太多关于核潜艇的人和事。起步时的艰难困苦，在苏联访问时受到的冷遇，开展初步设计的热火朝天，形成初步设计草案的振奋。核潜艇下马时的无奈，核潜艇再度上马后的振奋。陆上模式堆建设时的痛苦、煎熬、期待，启堆之初遭遇事故的困苦，成功启堆的兴奋。核潜艇下水时的荣耀，在水

图 16-11 中国第一代核潜艇首任总设计师
（自左至右）赵仁恺与彭士禄、黄纬禄和黄旭华

下试验时的生死考验。这一幕幕涌现在他的脑海里，尽管已是往事，但又仿佛就在眼前。万千滋味，在心头。

# 第十七章　印象赵仁恺

赵仁恺是一个几乎“零差评”的人。说是几乎，实际上是出于严谨。在笔者广泛的走访中，一提到赵仁恺总是让受访者变得激动起来，把很多赞美的话不自觉地吐露出来，认真、和蔼、低调、童真、尊重人、关照人，似乎这位院士只是邻家的伯伯，亲切又温暖，不像是做出过什么贡献的科学大家、工程巨匠。这些，是我们的整体印象，在赵仁恺身边人的眼里，赵仁恺又是怎样的一个人呢？

## （一）从工程师到科学家

赵仁恺在南京永利宁厂设计科的 9 年，永利宁厂把赵仁恺培养成一个有实践经验的合格的工程师。然而，这个实践经验丰富的工程师到核工业后，一度很不自信。这种不自信既源于对核知识“一穷二白”的起步，也源于早期一进入行业就踏入原子能所这座核科技的最高殿堂，与钱三强、王淦昌、彭桓武等科技大家的领导下工作。

在核工业创立之初，为了确保不走弯路，往往科研人员提出的设计，需要先进行内审，完成内审后再逐级报批。在赵仁恺组织十二室第五大组开展初步设计时，分管抓潜艇核动力项目的所领导是著名核科学家彭桓武。彭桓武是著名物理学家，1935 年毕业于清华大学，1940 年获得英国爱丁堡大学哲学博士学位。1948 年当选为爱尔兰皇家科学院院士，1955 年被选聘为中国科学院学部委员。他一直是个特立独行的人，比如常常称忙而拒绝会客，甚至拜访者到了门口，他也拒不开门。有许多慕名而来的人或者拜师求教或者一睹英姿，均被他以身体挡在门外，有时被好言劝走，有时被他冷嘲热讽地“赶走”。但是他却常蹲在路边看人下棋，一看就是半天。

在彭所长这样的大科学家的面前，刚刚从事潜艇

核动力研究的赵仁恺和周永茂等往往很不自信。此外，理论是指导工程的依据，而工程是践行理论的依托。在科学家眼里，工程师的工作往往是轻而易举，甚至是不值一提的。尽管当时中国的潜艇核动力仍处于初创阶段，但在理论层面，彭桓武（当时任原子能所副所长）这样的大科学家已经取得极高的造诣，并且彭桓武为人一向严谨细致，对后辈更是寄予厚望，严加要求，因此大家暗自都挺“怕”他，每次他参加的审查会，都会特别小心翼翼。

因此，第五大组完成初步设计后在面对一次又一次分项目内审时，往往是提心吊胆的。作为具体负责人的赵仁恺，尽管不需要具体汇报，但一样会惴惴不安。

有一次，在完成了燃料元件的初步设计后，第五大组需要向负责燃料元件生产的燃料元件厂进行技术交底。考虑到科学家与工程师对问题认识的不同，赵仁恺提前找到周永茂，让周永茂做好充分的准备，把燃料元件的各项指标讲清楚，并向彭桓武汇报清楚。在进行汇报时，周永茂刚开始汇报，彭桓武当即打断了周的汇报，质问周永茂——这些问题还用讲吗？你们这些都是废话，这是基本的科学问题。这时的赵仁恺尽管心里明白，但仍然是流下了冷汗。由于之前赵仁恺提前给周永茂提醒过科学家与工程师的区别，周永茂对该问题进行了细致的解释，并阐述这些说明是

针对燃料元件厂工人实际制定的。只有把细节说清楚，才能确保交底无误，不会产生误会。经过这一解释，彭桓武才理解了其中缘由，使得内审继续进行。

像这种情形，前后发生过多次。在科学家的领导下具体组织潜艇核动力研究设计，赵仁恺既面临白手起家的困苦，又要面临科学家的严格质询。随着各项科研问题的解决，赵仁恺的科学素养不断提高，这种情况才逐步减少，这种压力才逐渐减小。

从化工部抽调到核工业之后，赵仁恺为了尽快进入角色，凡事都刨根问题，逐渐形成了爱问问题、爱思考问题、善于梳理问题、擅长解决问题的工作作风。

1958 年，在随海军代表团出访苏联前，为了完成谈判时能提出“问题”，赵仁恺组织相关人员通过广泛调研资料、上艇实地体验生活，针对核潜艇的访问谈判，提出了 38 个问题。这些问题，尽管由于苏联的敷衍没有得到完全答复，但他通过在苏联访问期间参观的机会想方设法地解决了一部分。

1959 年，在开展潜艇核动力初步设计时，赵仁恺组织十二室第五大组开展了广泛的研究和讨论，通过由此及彼、举一反三，到 1959 年底，他在日记本上梳理了 1500 多个技术问题。这 1500 个问题，最终通过广泛深入的研究，联合外围力量，在核潜艇初步设计草案中给予了解答。

1961 年，赵仁恺调到某生产堆任副总设计师之

后，赵仁恺和欧阳予一起组织开展了苏联撤走后生产堆研究设计的摸底工作，梳理发现了390多个技术问题。这些问题，赵仁恺和欧阳予带领工程设计人员通过攻关等措施给予逐项解决。

1969年，赵仁恺参与陆上模式堆工程设计复查，他组织十余人通过18个昼夜的连续加班复核，对6万多份图纸和数据进行仔细的验算和校对，共查出问题159个，其中有13个问题将严重影响工程质量和进度。针对这些问题，复查小组逐一地提出了采取的措施和整改办法。根据复查结果和修改意见，715所于1969年7月终于完成模式堆总体及所属系统设备的安装图。

在查找问题和想方设法解决问题的过程中，赵仁恺逐步从解决问题入手，逐步向探寻规律、掌握理论过渡，等到他完成陆上模式堆启堆之后，他已经完成了从工程师向科学家的过渡。1991年，赵仁恺当选中国科学院院士（学部委员）。1994年，赵仁恺成为第一批中国工程院院士，成为当时全国仅有的30位两院院士。

熟悉赵仁恺的人都知道，赵仁恺有一个外号，叫“赵双双”。这里的“双双”，是指赵仁恺中国科学院院士和中国工程院院士的特殊身份。

众所周知，中国科学院学部是国家在科学技术方面的最高咨询机构，成立于1955年。根据章程，中国

科学院院士从全国最优秀的科学家中选出，能得到这一殊荣，必定是某一领域的权威和泰斗。纵观中国科学院院士的评选历史，1955 年学部成立时选聘 172 名学部委员，1957 年增聘 18 名学部委员，1980 选举 283 名学部委员，时隔 11 年之后，1991 年，中国科学院又一次遴选 210 名学部委员，这一次，赵仁恺由于其在核动力研究设计方面的卓越贡献，高票当选。而获得首批工程院院士的殊荣，与中国工程院的设立过程紧密相关。

1981 年夏，中国科学院技术科学部在长春召开学部大会，提出了关于成立“中国工程与技术科学院”的问题。1992 年春，来自大学、中国科学院及产业部门的 6 位学部委员张光斗、王大珩、师昌绪、张维、侯祥麟、罗沛霖再一次提出《早日建立中国工程与技术科学院》的建议。这个建议由中国科学技术协会报送中共中央办公厅，刊登于《综合与摘报》第 54 期（1992 年 5 月 8 日）。江泽民总书记于 5 月 11 日批给温家宝同志“此事已提过不少次，看来要与各方面交换意见研究决策”。温家宝同志于次日批示“可否请中科院牵头商讨有关方面提出意见”。经过 2 年多的研究和广泛征求意见，1994 年 2 月 25 日，国务院批转《国家科委、中国科学院关于建立中国工程院请示的通知》，并批准由宋健国务委员为“中国工程院筹备领导小组”组长的 45 个人筹备小组名单，中国工程院的组建工作正式开始。1994 年 6 月 3 日，经国务院批准，中国工程院在北京成立。

中国工程院是中国工程科学技术界的最高荣誉性、咨询性学术机构，致力于促进工程科学技术事业的发展。中国工程院院士（以下简称院士），是国家设立的工程科学技术方面的最高学术称号。在组建中国工程院时，为了确保中国工程院院士的权威性，得到国际的认可，首批中国工程院院士的一部分从中国科学院院士中选聘。鉴于赵仁恺在核动力工程领域的突出贡献，赵仁恺被评选为中国工程院首批院士。自此，成为中国第一批同时担任中国科学院院士和中国工程院

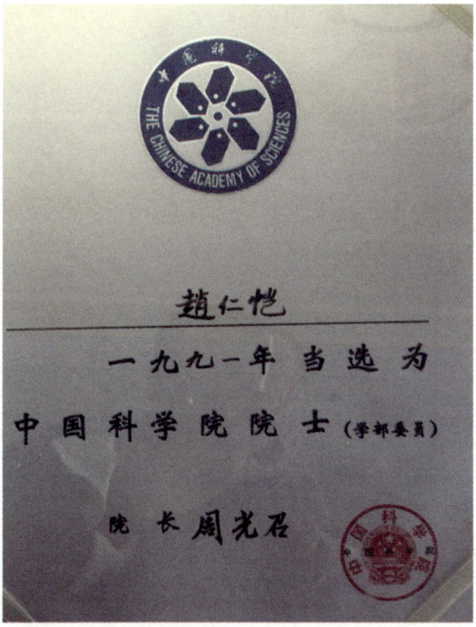


图 17-1　中国科学院院士证明文件

院士的30位中国顶级科学家之一，这种至高无上的荣誉，是对赵仁恺的极大肯定和莫大鼓舞。

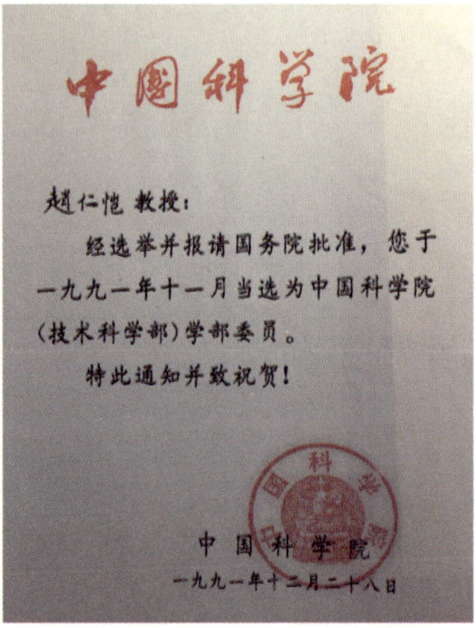

中国科学院

赵仁恺 教授：

经选举并报请国务院批准，您于一九九一年十一月当选为中国科学院（技术科学部）学部委员。

特此通知并致祝贺！

中国科学院

一九九一年十二月二十八日

图 17-2　中国科学院院士当选通知

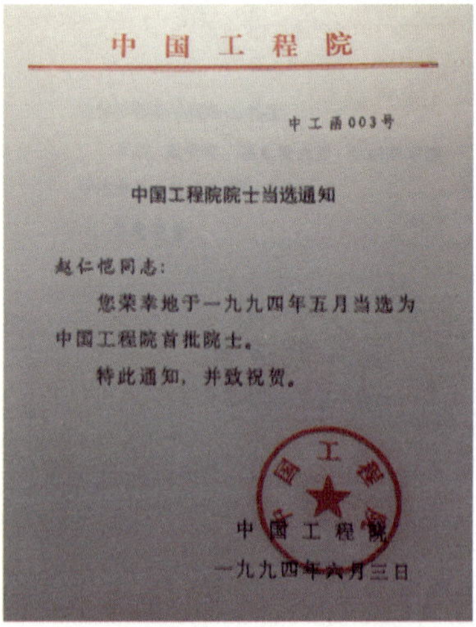

中国工程院

中工函003号

中国工程院院士当选通知

赵仁恺同志：

您荣幸地于一九九四年五月当选为中国工程院首批院士。

特此通知，并致祝贺。

中国工程院

一九九四年六月三日

图 17-3　中国工程院首批院士当选通知

## （二）良师益友

朱起鹤，分子反应动力学家。1924年7月12日生，北京市人。1947年，朱起鹤从南京中央大学化工系毕业，同年以优异成绩考取北京大学化学系研究生。1948年8月，转入美国伯克利加州大学化学系，师从诺贝尔化学奖获得者、低温化学家吉奥克（W. F. Giauque，1895—1982）从事化学热力学研究。1951年初，获得博士学位，同年3月克服重重困难回到祖国。1952年12月，朱起鹤被派往刚刚建立的哈尔滨军事工程学院担任教授。这是新中国的一所培养国防战线高级人才的神秘殿堂。1958年至1960年，他参加了中国第一艘核潜艇的核动力系统的研究设计工作。1962年，朱起鹤担任哈军工二系副主任，二系即原子工程系，主要任务是研究原子弹。他负责培养核武器设计和核爆炸测试人才。之后，又与哈尔滨工业大学合作进行激光研究，在高精度透射率反射率测量仪，激光打孔机、激光扫描检纸机和激光测量仪器等项目上都取得显著的成绩。

“文革”开始后，身处国防尖端领域内的朱起鹤，因为家庭出身等问题，几经冤屈。特别是在1969年，他甚至被诬为美帝间谍关进监狱达一年。据他本人回忆，5平方米的牢房里，挤13个人，睡3层铺，没有放风，不准交谈，原地踏步就是锻炼。七八两一天的粮食，遇到一餐土豆汤算是好菜。他唯一的儿子就是在那个年代早逝，年仅 18 岁。

朱起鹤含冤入狱后，身边的人出于自保，没有人为朱起鹤说话。当远在数千里之外的赵仁恺听到朱起鹤受冤入狱的消息后，他看到这位曾为核潜艇工程做出重大贡献的科学家受到如此的不公平对待，心急如焚，寝食难安。他不顾自己的处境，找到孟戈非，为朱起鹤抱打不平，他为朱起鹤撰写了证明文件，说明了朱起鹤对核潜艇工程的重大贡献。由孟戈非转托解放军总参谋部交付给相关单位。这份证明，对朱起鹤获得公正对待发挥了重要作用（后来，朱起鹤到中国科学院化学研究所工作，并当选中国科学院院士）。虽然这之前赵仁恺和朱起鹤已经多年未见，又相隔数千里，而且赵仁恺自身处境堪忧，在这种情况下，他能够挺身而出，足可见他的高尚品质。

周永茂，核反应堆工程专家。1931 年出生，浙江省宁波市人。1955 年毕业与上海交通大学，1958 年毕业于苏联莫斯科动力学院核能进修班。周永茂是我国最早从事潜艇核动力研究设计的三个人之一。他与赵仁恺曾经多次共事。早在 1958 年在原子能所十二室第五大组，周永茂就在赵仁恺的领导下工作，得到了赵仁恺的悉心指导和很多帮助。1966 年之后，赵仁恺在四川进行陆上模式堆建设时，周永茂也在同一基地开

展高通量反应堆建设。由于赵仁恺先到基地，周永茂到该基地后，尽管由于保密，两人在业务上不能交流，但在生活上，赵仁恺给与了周永茂很多照顾。

赵仁恺由于长期跟踪国外科技信息，又多次出访英国、美国等国家，英语水平很高。1994 年，赵仁恺和周永茂一起到澳大利亚参加“第九届亚太核大会”国际会议。周永茂对自己的英语水平不够自信，怕作报告的提问环节听不清提问者的问题，就在上台前拜托赵仁恺帮衬一下。赵仁恺作完报告后，就坐在台下为周永茂院士做“助理”。尽管周永茂顾虑的情况并没有出现，但赵仁恺仍然坐在台下，认真地听，并全程为周永茂关注现场听众的反应，直到周永茂走下讲台才长舒一口气。

周永茂于 1995 年当选中国工程院院士。在申报首批中国工程院院士时，周永茂自己和所在的单位并没有主动申报。为周永茂提交中国工程院院士申报材料的，是中国核动力研究设计院。该院当年申报中国工程院的人选仅有三人，分别是彭士禄、赵仁恺和周永茂。该院对周永茂最了解的人无疑是赵仁恺，赵仁恺对昔日同事的提携可见一斑。此外，赵仁恺还为周永茂提名了何梁何利技术科技进步奖，使周永茂在 2000 年获得该奖项，成为当时为数不多的获得该奖项的中国工程院院士。

在早期的潜艇核动力研究设计中，由于缺乏足够

的参考资料，在选定技术路线、设计技术方案、设计分系统时，无法评定多种技术路线、技术方案的优劣，只能根据当时的理论发展情况、设计能力和工业水平确定技术方案。对于与选定的技术路线、技术方案不同的意见，赵仁恺并没有简单地放弃掉。相反，经过交流后他认为仍然存在发展前景，但是当时不具备发展条件的，他都予以支持。这其中，最传奇的莫过于对刘聚奎的技术方案的支持。

刘聚奎其人思维缜密，具有较强的科学素养，但是不善言辞。在潜艇核动力研究设计初期，他提出的一个关键技术的技术方案与当时选定技术方案不一致。他坚持认为自己的技术方案具有先进性。得知这一情况，赵仁恺与其进行了深入的交谈。经过交谈，赵仁恺发现，刘聚奎的这一方案尽管在当时看来不具备发展条件，但长远看，具有一定的发展前景。为此，赵仁恺果断支持他继续开展该方案的研究工作，而且让其聚精会神搞研究，长期跟踪国际核潜艇发展趋势，不受其他工作干扰。当时，潜艇核动力研究设计工作人员紧缺，物质匮乏，后期更是经历了严峻的考验，即便是在这种情况下，赵仁恺始终坚定地支持刘聚奎深入开展研究。

即便是潜艇核动力研究设计队伍几经辗转，赵仁恺一直力荐刘聚奎参与相关工作，让他始终没有离开这支队伍。核潜艇重新上马后，赵仁恺回归后，更是

全力支持他的工作。即便是在物质极度紧缺，人员工资都难以保障的情况下，赵仁恺仍然支持他，使得刘聚奎的研究不断引向深入。

20 世纪 80 年代，中苏在进行新一代潜艇核动力技术交流时，苏联一方表示可以给予中方先进技术的支持。考虑到中方的技术相对落后，他们料定中方必定难以提出有价值的需求。因此，苏方要求中方明确提出具体技术需求。在这种情况下，赵仁恺委派刘聚奎提出了就其研究的技术方案提出了具体需求。苏联看到刘聚奎提出的具体需求后，大为惊讶，并颇为感动，对中方的技术实力表示赞赏，向中方提供了与刘聚奎研究的技术方案相关的重要设备，为我国在该技术领域的技术发展提供了重要参考。

倘若没有赵仁恺几十年的坚定支持，刘聚奎必将无法深入开展这项研究，也无法在中苏谈判时提出有针对性的需求，中方也无法获得有价值的设备和信息。赵仁恺这种对下属的支持，不仅体现了他高超的前瞻能力，也体现了他对下属的关心和培养。

## （三）活到老学到老

赵仁恺参加工作后，一直有记笔记的习惯，他总是随身携带一个笔记本。无论是在国内，还是在国外，无论是参加学习，还是在参加讨论，只要看到、听到新知识、新信息，只要情况允许他就会及时记下来，想到问题也会随时记下来。如果第一时间无法记录，他回到住处一定会凭着记忆把相关内容记录下来。对于这些知识、信息，不熟悉的他会经常温习，据他的家人说，他的笔记本多达数百本。他常用的笔记本上工工整整、密密麻麻地记满了各种反应堆的结构、参数。对于问题，一有时间他便会深入思考。这个习惯，他一直保持到评为两院院士，直至他生命的最后。这种学而时习的习惯，长期深入思考的锻炼，使他快速地从一张白纸变为行家里手，逐步养成了科学思维，积淀了科学素养，实现了从工程师到科学家的转变。

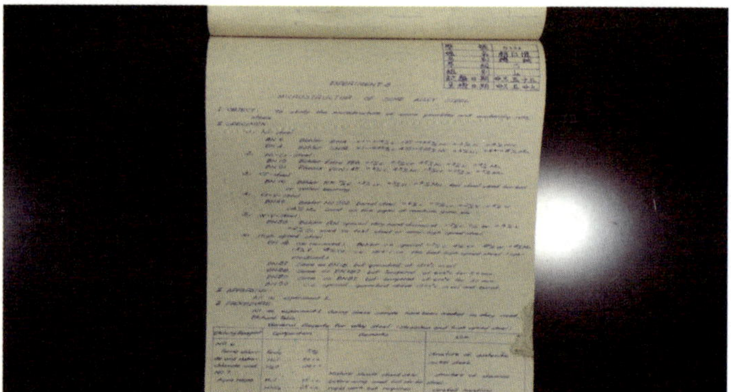

图 17-4　赵仁恺的笔记本

如果说一位大科学家对学习理论知识、掌握科技前沿是一种特定属性外，那么，赵仁恺的活到老学到老还体现在喜欢尝试新事物，紧跟时代发展上。20 世

纪 90 年代中期，国内逐渐掀起学习、应用计算机的潮流。一些年轻人热衷于学习使用计算机，玩电脑游戏，上网冲浪。而对于已经年过古稀的赵仁恺。从工作上，他已经身为两院院士，有为其配备的秘书，并不需要自己操作计算机开展工作。在这种情况下，他没有选择像其他中老年人一样对计算机敬而远之，而是主动的学习使用计算机。当时，中国核工业集团公司正在推动无纸化办公，要求在职人员参加培训并参加考试。赵仁恺不需要参加这种培训，但赵仁恺处于学习使用计算机的强烈愿望，主动要求报名参加该项培训。考虑到赵仁恺已年过古稀，有关部门苦口婆心的劝谏赵仁恺，最终赵仁恺无奈地放弃了这次培训。不过，他还是购买资料自学了计算机使用，从此以后自己完成打字录入工作，不再麻烦秘书。

70 多岁的两院院士自力更生使用计算完成打字录入，掌握计算机的使用方法，已经是难能可贵，但这仍然不能充分体现赵仁恺爱学习的精神。

就在赵仁恺学会计算机使用之后，为了进一步掌握计算机的结构原理，学习机械工程出身的赵仁恺一直希望仔细看看计算机的内部构造。为了实现这个愿望，他把计算机大卸八块，待把一个个部件看清楚之后，他又根据记忆尝试着把这些部件一点一点组装起来。经过反复实践，最终不仅能熟练地使用计算机，还能够组装计算机。这种刨根问底的学习精神，足以说明学习对于已经登上中国最高学术殿堂的赵仁恺，已经成为了一种内在属性。

图 17-5　赵仁恺与他办公用的计算机

这种终身学习的意识，还体现在赵仁恺的生活习惯上。据赵仁恺在中国核工业总公司科技委的秘书张雅丽女士说，与一般的老年人睡眠时间少、早睡早起的习惯相反，赵仁恺和夫人杨静溶在 70 多岁时仍然保持晚睡晚起的习惯。如果第二天不需要工作，赵仁恺一般是九点以后才起床，十点左右吃早饭，下午两三点钟才会吃中午饭，晚饭往往要到七八点钟。这在老年人中非常罕见。

杨静溶晚睡，是因为她热爱生活。尽管已经年逾花甲，保持着追电视剧的生活习惯。而赵仁恺晚睡，则是由于对自己的严格要求。他总是要求自己紧跟科技前沿知识，时刻保持对最新科技信息的关注。自学会使用计算机以前，他总是利用晚上的时间看报告、看书，整理开会的笔记，梳理新的科技信息。学会使用计算机之后，他发现上网可以获取科技信息，于是他形成了上网检索信息的习惯。由于我国和国外存在时差，一般国外最新的科技信息会在国外的工作日公开，为了第一时间获取国外的最新信息，他总是熬到深夜，看完最新的信息才会睡觉。或许也只有这样的学习态度，才会形成这样有个性的生活习惯。

图 17-6　试乘超导喷水推进试验船

但由于长期忙于工作，加上后来脚踝罹患疾病，赵仁恺有数十年之久没有逛过商场。学习机械工程出身的他一直希望学开车，特别是他的家人购买了汽车

之后，这种愿望就更加强烈了，他梦想着学成之后到处去转一转，看一看身边的美景和日新月异的城市。然而，由于年龄原因，他无法实现这种愿望。为了实现这一夙愿，他购买了一台电动轮椅。在充分考虑了电动轮椅续航里程和实际路程之后，他在 2008 年“驾驶”着电动轮椅到“鸟巢”“水立方”，看了这熟悉而又陌生的“新北京”。后来，他还“驾驶”着电动轮椅去逛双安商场，甚至去买菜。这一朴素的愿望得以实现，让他倍感兴奋，他逢人便提，似乎是又完成了一项重大工程。

## （四）平民科学家

赵仁恺的为人处事备受称道，无论是领导、同事，还是身边的服务人员，赵仁恺都是真诚相待，不摆架子，不说空话套话，别人有困难他总是挂在心上。或许是早早经历了丧父的痛苦，或许是儿时经历了刻苦铭心的磨难，或许是成长路上有太多好心人伸手相助，赵仁恺对帮助过自己的人总是心怀感激，无论是含辛茹苦养育他的母亲、为他求学做出重大牺牲的大姐，还是曾经给予他重大帮助的孟戈非、困难时期互相支持创造核潜艇核动力历史的彭士禄，亦或是帮助他打字的打字员、为他协调日常事务的秘书，甚至是为他打扫过卫生的卫生员、帮他端茶倒水的服务人员，赵

仁恺都是发自肺腑地表示感谢。

在中国核工业总公司科技委工作期间，每逢春节，赵仁恺会带着秘书张雅丽去主动拜望以前的领导和同事，他不按职务高低，只按照居所位置，逐一拜访，嘘寒问暖，决不遗漏。很多人都年逾古稀，老友相见，分外亲热。他们谈过去、论现在、畅想未来，带去了温暖，重温了回忆，给人以希望和力量。

赵仁恺的朴实，还表现在他从心底里尊重每一位同事。赵仁恺进入老年后，患上了脚踝神经疾病，每迈一步都会很疼，很多人对赵仁恺的印象是他小步快走，实际上并不知道他走每一步所带来的疼痛，更不知道他为了不耽误别人的时间而努力走得更快一些。即便是在这样的状态下，他仍然坚持参加学术会议，支持核能新技术发展，为新项目站台，为新技术奔走呼吁。

赵仁恺在中国核工业总公司期间的秘书张雅丽女士搬家后和他住在一个小区。得知赵仁恺在同一个小区，张雅丽想去看望一下赵仁恺。出于礼貌，张雅丽在出门前给赵仁恺打了电话，说明了想去看望的意图。赵仁恺听完张雅丽的话后，马上表示会过来看望她。张雅丽表示不解，赵仁恺说张雅丽平时给予他很多帮助，是他的老师，“学生应该主动看望老师”，张雅丽还想再讨论，赵仁恺已经挂断了电话。正当张雅丽不明所以，穿上衣服准备出门时，楼下已经传来了赵仁恺和夫人杨静溶的脚步声。赵仁恺脚踝患有疾病，走路极为不便，他自己住在一层，而张雅丽住在六层，即便是在这种情形下，赵仁恺仍然坚持忍痛前来拜望，让人禁不住感动。

赵仁恺为人温和，待人真诚和善。尽管无暇顾及亲人，但他对自己的同事却极为照顾。在1961年国家遭受自然灾害期间，第五大组的人员很多人生病，他看在眼里，急在心里。他一方面向上级单位汇报，奔走呼吁。另一方面仔细的询问每个人的情况，把生病人员的名单都记录在笔记本上。这份名单至今还保存在中国核科技馆。这份对同事的关爱，不仅仅是兄弟姐妹般的关爱，还有对年轻人的疼爱。

耿庆云刚参加工作时担任打字员。当时，项目处于设计的关键时期，各种技术会议密集，会上与会人员往往为了确定正确的技术路线争论到深夜。一旦形成结论，就需要马上形成纪要，尽快向上级汇报。这时候，就需要打字员完成录入工作。无论是白天还是深夜，只要需要，就需要打字员回到工作岗位。当时的耿庆云只有十八九岁，比自己的女儿年纪还小，是当时最年轻的工作人员。赵仁恺对这个小姑娘尤其关爱。一旦晚上加班，赵仁恺总是想方设法地给这个年轻人带一点夜宵，有时是一杯酸奶，有时是一块点心。这些东西在今天看来可能不算什么，可在物质极度匮乏的当时，这些东西是需要颇费心思才能搞到的。赵

仁恺对年轻人的这份心可见一斑。

当时，赵仁恺已经年逾不惑，由于身体不好，赵仁恺写字时颇有些费力，写出字来往往歪歪扭扭，不好辨认。打字员耿庆云最打怵给赵仁恺打字，一来都是重要文件，二来总是不好辨认。赵仁恺知道这种情况，就尽量写得工整一些。有一次，赵仁恺又找耿庆云打字，由于关系像父女俩一样，小姑娘装作生气的样子，说："最不愿意给你打字了，字歪歪扭扭，真不好看！"这时，赵仁恺面带笑容地告诉耿庆云："这是我已经誊写过一次的文件，你将就用吧！"每当回忆起这件小事，耿庆云总是很感动，一个副总设计师面对一个十八九岁的打字员，为了能让打字员工作更顺利一些，能够认真地把文件再誊写一遍，换了谁，能做到呢？

赵仁恺把自己的同事当亲人，把年轻人当做自己的孩子对待，主动去关心他们，照顾他们，惦念他们。耿庆云记得，夏天的基地天气闷热，湿气大，让北方人感到密不透风。赵仁恺出差带回了一把扇子，而且挑选了带有精美图案的绢扇送给耿庆云，说："丫头，给，有了这个，就凉快些了。"在物资匮乏的当年，尤其是在山沟里的基地工作，买到这把扇子并不容易，赵仁恺对年轻人的惦念甚至超过了对自己孩子的挂念。

赵仁恺的三个孩子长期不在身边。父子之间的交流很少。按照赵仁恺孩子的说法，不是他们不愿意与

父亲交流，一是父亲在家的时间极少，二是即便在家，他也是忙于工作或者补觉，没有机会交流。这种情形，只有当赵仁恺在基地因为工作压力过大病倒之后才有改观。由于赵仁恺孤身一人，卧病不起，导致连吃饭都成为问题。组织经过研究，决定让赵仁恺的小儿子去基地照顾他，这才使得赵仁恺与一个孩子之间有了正常的交流。

即便是步入老年，赵仁恺仍然把当年的同事当作亲人照看。有一次，年逾古稀的赵仁恺因为公事去上海开会，曾经的打字员耿庆云一同前往。由于路上堵车，担心赶不上航班，耿庆云有些着急，看到耿庆云担心，赵仁恺宽慰她说“别着急，有我呢”。一个年逾古稀的老人，遇到困难时不仅不需要小辈帮助，反而主动去照顾、宽慰小辈，丝毫没有大科学家的架子，使得耿庆云极为感动。数十年过去了，赵仁恺仍然把她当作亲人看待，这种情意，何其难得。

## （五）相濡以沫的爱人

赵仁恺的妻子杨静溶出身在一个大户人家（按照新中国成立之后的说法，出身为资产阶级），其父早年创办染织厂，生意兴隆，给杨静溶创造了一个相对优越的生活环境。然而，由于杨静溶的生母早逝，杨静溶长期独自求学，养成了独立自主的性格，没有大小姐的脾气，为人谦和。

高中毕业后，杨静溶到南京投奔在南京永利宁工作的亲戚，并自此在永利宁子弟学校担任教师。与赵仁恺结婚后，由于社会形势发展，出于对掌上明珠的保护，杨父主动断绝了与杨静溶的来往，杨静溶由此几乎与自己的娘家断绝了往来。自己的小家庭成为了杨静溶唯一的依靠。就是在这样的情境下，杨静溶和赵仁恺度过了 6 年相对安稳祥和的小日子。这种小日子在赵仁恺调入二机部后彻底扭转。出于保密需要，赵仁恺既不能吐露工作上的任何内容，也不能告诉杨静溶自己的去向。即便是要参加有生命危险的试验，也只能面带笑容，装作风平浪静。赵仁恺极为孝顺，自己又长期在外，他把家庭的重担完全交给了杨静溶。在赵仁恺为陆上模式堆全力以赴时，杨静溶一个人照顾赵仁恺母亲的饮食起居，还带着 3 个孩子，一个人撑起了这个家。在“文革”后，杨静溶更是和赵仁恺长达 20 余年分割两地，天南海北不得相见。

只要是赵仁恺在家，杨静溶就无微不至地照顾他。赵仁恺的饮食起居都是杨静溶一个人照顾。赵仁恺在中国核工业总公司科技委工作时的秘书张雅丽回忆，在赵仁恺家看到杨静溶为赵仁恺准备的衣服都是从内到外、从上到下搭配好的，在衣橱里挂得整整齐齐。

熟悉赵仁恺夫妇的人都知道，虽然他俩并不是像其他夫妇一样长相厮守，但两个人感情极好，生活习惯也极为默契。在 2007 年以后，杨静溶因病入院，赵仁恺非常焦虑。经过几番周折，杨静溶一度病情大为好转，赵仁恺也很乐观，认为已经转危为安。但是，天不遂人愿，好景不长，2008 年，杨静溶突然病情恶化，撒手人寰。杨静溶的离去，给赵仁恺造成了极大的打击，给他带来了巨大的悲伤，他花了很长时间才走出阴影，但是精神大不如前。

图 17-7　赵仁恺与夫人杨静溶

# 第十八章　传奇科学家

赵仁恺是一个神秘的人。他一生辗转永利宁厂、化工部设计院、原子能所、二机部设计院、中国核工业总公司等多个单位，与他接触过的单位同事不计其数，像他这样知名的科技工作者，按道理应该很多人都有所了解。然而，事实恰恰相反，由于长期从事涉密工作，极少有人了解他。同事不了解，他的家人也不了解。他的爱人对他从事的工作几近一无所知，他的子女中，除了从事相近工作的小儿子，其他人也都不了解。

## （一）一生传奇

赵仁恺是一个功绩卓著的人。他开创了多项第一，书写了很多记录。他参加了中国第一座重水堆的前期工作，具体领导了中国第一份核潜艇核动力初步设计方案的编写，提出了第一份核潜艇陆上模式堆工程任务书，参加了第一座军用生产堆的建设，组织参与了第一座陆上模式堆的设计、建设、安装、调试，见证了中国第一次利用核能发电，组织领导第一座陆上模式堆退役。

关于赵仁恺，有一个奇怪的现象。但凡与赵仁恺接触过的人，一提起赵仁恺都会一下子打开话匣子，像是有一种无法抑制的表达欲望。这种欲望，直观上像是不吐不快，听起来，又像是在歌颂一个传奇——一个朴实无华却又倍感亲切的传奇。

“赵老总是个好人！”熟悉却不了解赵仁恺的人总是这样开头或者总结。

“赵老总脾气好，不批评人，从不与人争执。”熟悉也了解赵仁恺的人总要这么评述。

“他（赵仁恺）感谢党和国家对他的信任，交给他这样的任务。他感谢他的同事，是大家一起努力才能把任务完成，不是他一个人的功劳。”赵仁恺的子女回忆起父亲的点点滴滴，意味深长地说。

赵仁恺的一生颇具传奇色彩！

他幼时经历痛苦和磨难，九死一生。

三岁时父亲病故，母亲和兄弟姐妹失去依靠。在南京的日子里，他们一家七口相依为命，日子过得步履维艰。穷人家的孩子早当家，困苦的岁月让赵仁恺年纪轻轻便感受了人情冷暖，学会了感恩和善待他人。14 岁时，随母亲和姐姐们逃难的岁月更让年少的赵仁恺看到了生死，既意识到生命的可贵，看到素昧平生的人相互扶持，又感受到国家贫弱民不聊生，国家富强人民才能安居乐业。江津国立九中读书时的两稀一干、废纸油灯，更是教会了他知识就是力量，逆境中要图强。重庆国立中央大学的岁月锻炼了他的思维能力，培养了他的科学精神，更加坚定了他的报国情怀。

他青年时经历波折和锻炼，屡创纪录。

永利宁厂的七年磨砺，形成了他勤勉忘我的工作作风，锤炼了他严谨细致的工作态度，树立了反复求证的科学精神，培养了他的政治觉悟，锻炼了他的管理能力。

33 岁的赵仁恺积极响应国家号召，跨入核工业。初入原子能所两年内白加黑、理论加实践地“恶补”原子能理论知识，在疑问和求证中“快进”，奠定了理论基础，丰富了实践经验，强化了科学思维。半年留苏学习生产堆设计，理论与实践充分融合，使他对核反应堆的原理、结构、运行、维修等各种问题更加

熟稔。

回国后担起核潜艇核动力设计的重任，在组织的领导和帮助下，他搭建队伍、组织学习、开展练兵、进行设计。他结合实际、因地制宜、强调民主、注重科学，在一穷二白的情况下摸着石头过河，他高瞻远瞩却平易近人，他讲求民主却坚持真理，他把握总体却关注细节，笔记本上的1500个问题，既在纸上，又在心里。赴苏联谈判前的悉心梳理，在苏联谈判过程中的博闻强识，为中国核潜艇设计增添了更多信心。回国后的20个月学习、研究、论证、调研、设计，他带领数百人夜以继日、昼夜鏖战，提交了《草案》，实现了“零”的突破，把一个梦想“绘”在纸上，坚定了领导的决心、振奋了设计人员的士气。《草案》出台后，他参与技术审查，组织开展国内工业水平调研，对《草案》进行修改完善，提出任务书，积极争取建设陆上模式堆，并参与选址工作。

38岁为保障原子弹爆炸，作为副总工程师参加中国第一座生产堆的建设，开展摸底，组织开展研究设计，与欧阳予一起完成生产堆的主要设计工作。

他壮年时备受考验，解难济困。

42岁重新回到核潜艇战线，与彭士禄老总一起建设中国第一座陆上模式堆。43岁带领设计人员到陆上模式堆厂址，组织开展陆上模式堆设计，与一线工人同吃同住。“文革”期间强忍妻离子散的伤痛坚持在建

设一线，在彭士禄的支持下坚持开展工作，不动摇、不放弃。在陆上模式堆建设迎来尚方宝剑后全身心投入建设，哪里有问题，哪里就有赵仁恺。他数十天不下现场，困了就和衣而睡，醒了继续战斗。在陆上模式堆启堆时与彭士禄一同担任领导小组成员，组织排除技术问题，实现中国首个核动力装置并网发电，实现中国首个核动力装置满功率运行。

51 岁时担任第一设计院总工程师，为中国核动力事业多方奔走，呼吁支持，组织第一设计院留守人员开展科研工作，保存科研力量，增强技术储备。多次参加核潜艇试验，坐镇核潜艇水下全航速和极限深潜试验，用生命为核潜艇发展保驾护航，被称为核潜艇的守护神。赵仁恺千方百计向中央提供真知灼见，推动重新调整整合核动力技术力量，进一步推动中国核动力事业发展。组织开展技术预先研究，积极推动民用核能利用，为推动中国民用核能利用贡献力量。

他老年时发光发热，带来春风。

退居二线后，他积极推动中国核动力事业发展，鼓励中国核动力人参与竞争，推动他们适应市场，接受锻炼，为中国核动力未来发展夯实基础。他积极关心新技术发展，支持新能源工作。

68 岁，赵仁恺当选中国科学院院士（学部委员）。

71 岁，赵仁恺当选首批中国工程院院士，成为中国第一批同时具有中国科学院院士、中国工程院院士

头衔的顶级专家，可谓核能领域的“泰山北斗”。

看上去极为普通的一个人，却有着不平凡的一生。坎坷却幸运、书写历史却朴实无华、经历丰富却极其专一、乐于助人却常怀感恩之心。

他是这样低调，却又如此传奇！

赵仁恺从1956年就开始投身于中国核事业，并为之奋斗一生，辉煌一生，谦恭一生！他参加过我国初期所有类型的反应堆设计建造和试验。他站在国际核动力科技发展前沿，推动了我国核动力事业的发展，是我国核能动力事业的主要奠基者和开拓者；在他担任国家“863”计划能源领域第二届专家委员会首席科学家期间，促进了我国快堆、混合堆和高温气冷堆的发展，为我国核能、核电事业的发展作出了卓越的贡献。

赵仁恺居功不自傲，心中始终没有自己。他常常跟自己的家人说，核潜艇工程的成功，归功于毛主席、党中央英明决策，归功于全国上下大力协同、二机部党政领导尊重团结科技工作者，归功于科技工作者牺牲自我、军人工人农民忘我奉献，讲到最后，唯独没有他的功劳。

他感谢大家成功完成了历史创举，实现了他的梦想。“我只是其中的一分子，不要单独宣传我，我和大家没有区别”。他不仅在世时谦和恭让，不讲特殊，对待自己的后事也有严格的要求。他在临终前留下遗言：

要简单处理后事，不设灵堂、不搞追悼会……

即便是在赵仁恺离开大家七年后，在撰写这部传记时，赵仁恺的家人一直反复强调的，就是这一点。难能可贵，不仅仅是创造了众多历史，还在于他淳朴的科学精神，更在于他公而忘私，始终与大家的心连在一起，始终把自己归为一个普通的工作者。

赵仁恺为核动力事业忙碌了54年，长期待在人迹罕至的“三线”基地。他热爱工作，终其一生把最好的精力和身体都奉献给了中国的核动力事业，但是，他也热爱生活。他之所以没有展现出他对生活的热爱，究其根源，是因为他秉承“工作第一”的信条。从他调入核工业到他退居二线，长达近30年的时间，他仅仅陪夫人杨静溶旅游过一次，而且，这次旅游，是组织上考虑到赵仁恺和黄旭华即将参加核潜艇水下试验，这项试验的危险系数极高。为了体现组织的关怀，组织安排赵仁恺夫妇和黄旭华夫妇从湛江登船，经过汕头，再到海南岛，在海南参观结束后，赵仁恺和黄旭华瞒着夫人去参加试验，而两位夫人被分别送回北京和武汉。提及这段历史，赵仁恺的家人很是动情，他说那次回来后母亲非常高兴，却不知道父亲是去参加极为危险的试验了。

## （二）多彩赵仁恺

赵仁恺不是一个幸运的人，不到3岁父亲便病故，随母亲和兄弟姐妹相依为命。尽管几经争取，母亲获得了一个小旅馆的经营权，但好景不长，国家贫弱，小旅馆经营日益困难，日子过得非常艰难。日军侵华后，他开始了将近一年、噩梦一样的逃难历程，亲人离散、行李被抢、饥寒困顿、时刻面临死亡威胁、跋山涉水走蜀道。在化工行业刚打开局面、小有名气，又来到全新的核行业，需要重头开始。留苏学习生产堆准备大干一场，又要重新转行。奋战数年提交《草案》，几经争论，陆上模式堆建设终获认可后，国家经济困难，核潜艇又面临“下马”。自己再次转行进行生产堆的设计，新出生的“幼儿”拱手相让。3年后重新回到核潜艇战线，孤身入川，正要全力以赴，又赶上“文革”，从此家里面6口人天各一方，他自己要面临送去农场的危险。经历种种磨难后陆上模式堆终于建成，核潜艇开工建设，核动力力量又被分拆，他留守基地现场苦苦支撑。面对种种苦难，他不抱怨，面对国家的号召，他尽管困惑，但坚决执行。“文革”中，出于对事业的忠诚，他寸步不离陆上模式堆建设现场，伤痛再大在人前也默默承受。面对核动力力量分拆，他对上积极呼吁，对下积极引导，所有的苦痛

压力都自己承担。

赵仁恺又是一个幸运的人。他有一个伟大的母亲，尽管儿时家庭遭遇重大变故，但母亲用自己的努力和并不宽厚的臂膀坚强地支撑起这个家。母亲 26 岁丧夫，为了子女守寡终生。即便是在那样艰难的情况下仍然坚持送赵仁恺读书。日军侵华后，母亲带赵仁恺等 6 个子女逃难，尽管经历了诸多磨难，但一家人全部度过了这场灾难，没有再让家人面临亲人逝世的痛苦。逃难到重庆后，赵仁恺赶上了国立九中免费招生，给他营造了一篇读书的静土。数年后，重庆国立中央大学免费招生，赵仁恺得以继续深造。刚一毕业，他就进入重视技术人才的永利宁厂，培养了他严谨求实的工作作风，调往北京更得到了党组织的认可，成为一名共产党员，为今后进入核行业奠定了基础。1955 年，国家决定建设核工业，他又幸运的被挑中并安排到原子能所。在原子能所一段时间后又被抽调到苏联学习生产堆，之后更是被抽调到核潜艇核动力设计组担任组长。核潜艇重新“上马”后，他又被找回担任副总工程师，全程参与了陆上模式堆的建设、安装、调试、运行甚至退役。

赵仁恺是一个创造历史的大科学家。自 1956 年进入核工业战线，赵仁恺为核工业工作了 54 年。这 54 年中，赵仁恺创造了多项纪录，为中国核工业发展史书写了浓重的几笔。1960 年，赵仁恺带领核潜艇核动力研究设计组，经过22个月的艰苦奋斗，提交了《草案》，成为我国历史上第一份核潜艇核动力装置设计方案，实现“零”的突破。1970年，作为主要技术负责人之一，赵仁恺参与领导了中国第一座陆上模式堆的建设和设备安装工作，并参与领导了陆上模式堆的调试、启动及运行。在赵仁恺担任值班领导期间，陆上模式堆作为中国第一座核能装置实现了并网发电，也是赵仁恺担任值班领导期间，陆上模式堆首次达到满功率运行。1974年8月1日，海军司令员肖劲光大将按军礼在海上检阅了我国第一艘核潜艇，赵仁恺作为科技工作者的代表、唯一不着军装的老百姓，站在核潜艇舰桥上接受了检阅。1979年，赵仁恺作为主要技术负责人，领导了第一座陆上模式堆的退役全过程。他以对技术的深刻见解和全面认识得到党和国家领导人的信任，1971年、1974年，他先后两次参加向中央专委周恩来总理的汇报，1990年，时任中央军委副主席刘华清单独召见赵仁恺，就某一专题听取他的意见。他屡获国家级大奖，如1978年获得的全国科学大会奖、1985年获得的国家科技进步特等奖（“第一代核潜艇的研究设计”）。赵仁恺还是中国工程院建院后的首批院士，与朱光亚一起成为核领域仅有的两位“两院院士”。在这之前，他于1991年当选中国科学院院士（学部委员）。

赵仁恺还是一个朴实无华的工程师。赵仁恺调入

核工业后，一切从零开始，当时的资料、标准都是俄文，由于他原来学习英文，为了尽快学习新的理论，他尽可能地挤出时间学习俄文，连上下班在公交车上也不忘背单词、学俄文。担任技术负责人后，他始终平易近人、不摆架子。遇到在技术问题上与人有分歧时，无论是谁，都会平等的进行深入交流，充分听取对方意见，只求真、只唯实，从不轻易否定别人，碰到谁有什么好的意见建议都会积极支持。1979 年，有一位科技人员在科技论文会上提出《堆芯热工可靠性概率分析评价》，指出国外很重视这个问题，参会人员的大多数人认为国内数据太少，使用实际还不成熟。他经过分析，认为这个方案虽然复杂，但长远看优点突出，就给予了多年支持，并且积极宣传这种方案，促使这个方案最终得到应用。在建设陆上模式堆时，他与一线员工同吃同住，从不搞特殊。刚进入基地时，从住处到现场没有路，赵仁恺带领大家一步一个脚印，硬是把路走了出来。他平时话不多，但总是脸上挂着笑容，富有亲切感，人们都愿意与他交谈，向他请教问题，亲切地称赵仁恺“赵老总”。

赵仁恺是一个经历丰富的人。从大学毕业参加工作，赵仁恺先后在永利宁厂、化工部化工设计院、原子能所、二机部设计院、404 厂、国防科委七院 15 所、第一设计院（中国核动力研究设计院）、核工业部（中国核工业总公司、中国核工业集团公司）科技委、

中国核能动力学会等单位工作，还先后担任过国家核安全局专家委员会副主席、海军核安全专家委员会主任委员、国家“863”计划能源领域第二届专家委员会首席科学家等职务。他大学期间学习的是机械专业，毕业后首先从事的是化工设计，进入核工业后首先学习的是重水堆，然后开始从事核潜艇核动力装置，之后又从事过生产堆的设计，最后又回到核潜艇战线，从事核潜艇核动力装置设计、建设、维修、退役工作。无论是在哪个单位、哪个岗位、从事什么工作，赵仁恺都兢兢业业、一丝不苟，他随身携带笔记本，用工整的笔迹记录下一个个问题，反复思考，力图寻找到答案。他一生思考、解决了无数的技术问题，严谨求实、刨根问底，最终成为一个学术大家，登上了中国学术的最高殿堂，评选为“双院院士”。

赵仁恺又是一个极其专一的人。自从进入核工业，参加了核潜艇核动力研究设计工作，他便无所保留、不遗余力地投入到这项工作中。从 1958 年开始，到 2010 年辞世，赵仁恺始终对核动力念念不忘。1958 年到 1960 年，他带领团队边学、边练、边设计，用 22 个月的时间提交了中国历史上的第一份潜艇核动力装置初步设计方案（《草案》）。之后他对《草案》深入论证，组织调研，直至被调离研发一线。在从事生产堆设计的过程中，他始终对核潜艇核动力高度关注，念念不忘。重新回到核潜艇战线后，他更是冲锋在前、

义无反顾，即便是在“文革”期间，危机重重、“妻离子散”的情况下，他仍然坚守在现场，守护、焦虑、痛苦。陆上模式堆建设又一次步入正轨后，他与一线员工一同鏖战，一度几个月不下现场，困了就和衣而睡，醒了继续工作。哪里有问题，哪里就有他的身影。陆上模式堆启堆成功后，核动力的力量进行了调整，有一部分人离开，但他仍然继续坚守，用自己的绵薄之力为推动核动力事业努力。核潜艇水下试验时，他不顾个人安危毅然同行，甚至写好了遗书并给孩子准备了电子表作为纪念。退居二线后他仍然关注核潜艇和民用核能，无论身在何处，在核动力发展的问题上从未缺席。

赵仁恺是一个乐于助人的人。赵仁恺学富五车，却谦恭下士，总是像慈父、兄长一般对待年轻人。在第五大组，谁有问题他就与谁深入交流。在陆上模式堆设备安装现场，哪里有问题哪里就有他的身影，他总是及时出现，指点迷津，释疑解惑。很多当年与他共事过的同事已经成长为学术专家、成为中国核动力事业的栋梁之才。即便不是职责所在，只要力所能及，他也愿意伸手相助。海军的杨连新在撰写《见证中国核潜艇》一书时，赵仁恺毫无保留地提供了大量翔实的资料，并有问必答，很多章节都经过赵仁恺亲自把关和修改。即便赵仁恺已经病重，杨连新给他发邮件，让他来审阅一些相关资料。他还用颤抖的双手艰难地

打字予以回复。

赵仁恺还是一个常怀感恩之心的人。他感谢党，是党领导人民建立了新中国，改变了中国贫弱的面貌，创造了众多奇迹，使中国人民屹立于世界民族之林。他感谢母亲，一个人带着六个儿女，躲过了南京大屠杀，并在抗日战争的艰辛岁月中把孩子培养大。他感谢与他一起奋战在核潜艇核动力战线上的成千上万的领导、科技工作者、工人、解放军官兵，是他们共同努力，用青春和生命换来了中国核潜艇的成功下水。他感谢彭士禄，在他调离期间带领相关人员充实完善了方案，并在1965年之后团结带领大家顶住压力，完成了陆上模式堆和核潜艇的相关工作。他感谢与他共事过的所有人，认为是大家与他一起完成了各项工作，而他也只是普通的一员。他感谢家人，给予他默默的支持，他把青春和热血都奉献给了事业，却没有留给家庭。

赵仁恺就是这样的一个人，他是中国共产党的优秀党员，他热爱党、热爱祖国，对党赤胆忠心，一生廉洁奉公，团结同志，把毕生的精力和大爱都献给了党和祖国、献给了国防事业、献给了核能事业。他是令人尊敬的科学家，他是核科学技术领域追求卓越、勇攀高峰的倡导者与实践者，他谦虚好学、学风严谨，是核动力人的良师，更是核科技界的一代楷模。

历史会铭记赵仁恺，他的精神永存！

# 主要参考文献

[1] 郭勇. 20 世纪中国知名科学家学术成就概览(核科学技术与工程分册)[M]. 北京：科学出版社，2015.

[2] 李觉，等. 当代中国的核工业[M]. 北京：中国社会科学出版社，1987.

[3] 孙勤. 核铸强国梦——见证中国“两弹一艇”的研制[M]. 北京：中国社会科学出版社，2013.

[4] 贾基业. “两弹一艇”人物谱[M]. 北京：中国原子能出版社，2016.

[5] 杨连新. 见证中国核潜艇[M]. 北京：海洋出版社，2013.

[6] 现代舰船编辑部. 核潜艇反应堆专家访谈录[J]. 现代舰船. 2007(7).

[7] 孟戈非. 未被揭开的谜底——中国核反应堆事业的曲折道路[M]. 北京：社会科学文献出版社，2002.

[8] 李鹰翔. “两弹一艇”那些事[M]. 2 版. 北京：中国原子能出版社，2017.

# 附录　主要简历

1923 年 2 月 16 日，出生于江苏省南京市。

1929 年 9 月，就读于南京市实验小学。

1935 年 9 月至 1937 年 7 月，就读于南京市中学。

1937 年 7 月，日本军队侵略中国，南京沦陷，被迫逃亡。在战乱中，与亲人辗转当涂、蚌埠、徐州、郑州、武汉，后逃难到四川江津。

1938 年 12 月，在四川江津的国立九中读初中。

1939 年 9 月至 1942 年 7 月，在四川江津的国立九中读高中，同时考取国立中央大学和上海交通大学。

1942 年 9 月，进入国立中央大学攻读机械专业。

1946 年 7 月，国立中央大学机械系大学本科毕业。

1946 年 7 月至 1955 年夏，在南京永利宁厂参加工作，历任技术员、工程师、设计科科长。

1955 年秋天，从南京永利宁厂调到北京化工部化工设计院任主任工程师。

1956 年 5 月，加入中国共产党。

1956 年 7 月，选调到二机部设计院工作。

1956 年 8 月到 1957 年 12 月，参加了中国第一座实验性重水反应堆的建设。

1958 年 1 月，赴苏联在列宁格勒核技术研究院学习军用生产堆设计。

1958 年 9 月初，回国。

1958 年 9 月底，任潜艇核动力研究设计组组长。

1958 年 10 月到 12 月，随中国国防科技代表团访问苏联。

1959 年 2 月 16 日，潜艇核动力装置研究设计组组长迁到原子能所十二室，成为第五大组，任第五大组组长。

1959 年 9 月，开展核动力基础研究，参与苏联专家技术交流。

1960 年 6 月，任原子能研究所十二室副主任，兼总工程师，领导完成了我国第一个潜艇核动力初步装置设计方案。

1960 年 7 月，参加潜艇核动力装置初步设计方案的部级汇报会，主持方案修改后上报国防科委。

1960 年 12 月，跟随核动力研究项目调二机部设计院，任 4 室任副主任，兼副总工程师。

1961 年，参与白城基地的规划设计。

1961 年 10 月，留任设计院 4 室副主任，参加了中国第一座生产堆的建设，兼副总工程师。

1963 年 4 月到 6 月，随中国机械代表团访问英国。

1965 年 3 月，调出生产堆设计工作，重新参加核动力研制工作。任二机部二院第二设计部任副主任，兼副总工程师。

1965 年 7 月，参加动力堆型的辩论。

1965 年 8 月，参加动力反应堆的方案修定。作为主要技术负责人之一，领导了中国第一艘核潜艇核动力装置及其陆上模式堆的设计。

1966 年 7 月 27 日，完成并向二机部上报模式堆勘察布置方案。

1966 年秋天，作为主要技术负责人之一，领导技术人员到陆上模式堆的现场施工。

1967 年 7 月，跟随项目调国防科委七院十五所（二机部一院前用名）工作。

1967 年，任“909”项目领导小组成员。

1970 年 5 月，作为主要技术负责人之一，作为陆上模式堆安装调试和启动副总工程师、领导小组副组长完成了核动力装置的安装、调试。

1970 年 7 月，作为主要技术负责人之一，现场指挥了中国核动力装置启动后的第一次提升功率，第一次核发电，第一次满功率运行。

1971 年，作为主要技术负责人之一，领导了中国第一艘核潜艇核动力装置的调试运行。

1974年4月，任新成立的二机部第一设计院（1990年后更名为中国核动力研究设计院）总工程师。

1974年8月，参加中国第一艘核潜艇的交接仪式。

1978年，参加全国科学大会。

1979年，作为主要技术负责人，领导了陆上模式堆的退役全过程。

1979年9月，任二机部第一设计院副院长、总工程师。

1983年4月后，任二机部第一设计院顾问。

1983年后，历任核工业部、中国核工业总公司、中国核工业集团公司科技委常委、副主任、科技委委员、高级顾问。

1984年，任中国核能动力学会副理事长。

1985年，荣获我国“第一代核潜艇的研究设计”国家科技进步特等奖。

1985年，率领科技人员参加了导弹核潜艇的试验工作。

1988年，率领科技人员参加了攻击核潜艇的水下深潜等试验工作。

1990年，任原国防科工委潜艇核动力装置总设计师。

1990年，任国家核安全局专家委员会副主席。

1991年，当选中国科学院院士。

1993年，任中国工程院筹备委员会委员。

1994年，当选中国工程院首批院士。

1994—2000年，任国家863计划能源技术领域第二届专家委员会首席科学家等重要职务。

1996—2000年，在“九五”期间任中国科学院HT—7U项目科技委员会主任。

1997—2002年任西安交通大学动力工程多相流国家重点实验室学术委员会主任。

1998年，任中国人民解放军总装备部科技委高级顾问。

2002年，任海军核安全专家委员会主任。

2003年，任《核标准计量与质量》编委会主任。

2010年，因病在北京逝世，享年87岁。

# 附录　主要成果及论著

赵仁恺同志是蜚声海内外的著名核动力工程专家，是我国核动力科学与工程技术研究设计的奠基人和开拓者之一。

他先后参加了中国第一座实验性重水反应堆和中国第一座生产堆的建设。20 世纪 60 年代初他率领技术团队提出了我国第一个潜艇核动力装置初步设计方案。

赵仁恺作为潜艇核动力研究设计的主要技术负责人，提出了初步设计方案，参与主持了核动力的研究设计和试验，为核潜艇的顺利研制成功作出了贡献。

作为核潜艇陆上模式堆的研究设计和调试运行的主要技术负责人之一，为中国潜艇核动力的发展和海军核潜艇部队的安全运行提供了完整的实践经验。

作为潜艇核动力总设计师和研究设计总负责人，

主持完成了陆上模式堆的全寿期运行实验考核及开盖卸料的全过程，取得完整的成套经验。

荣获我国“第一代核潜艇的研究设计”国家科技进步特等奖，为我国潜艇核动力技术发展作了大量卓有成效的工作，为研制我国核潜艇、为实现海军装备现代化建设作出了巨大贡献。

作为主要技术负责人之一领导了中国第一艘核潜艇核动力装置及其陆上模式堆的安装、调试运行、退役的全过程。

作为潜艇核动力总设计师和研究设计总负责人，主持完成了陆上模式堆的全寿期运行实验考核及开盖卸料的全过程，取得完整的成套经验。

“潜艇陆上模式堆全寿期运行试验”荣获 1978 年全国科学大会奖和 1980 年国防科技委员会科技进步一等奖，赵仁恺为主要完成人之一。

赵仁恺还获得国家科学技术进步一等奖、三等奖各一项，1988 年作为对荣获国家科学技术一等奖的“国家十二个重要领域技术政策的研究”的突出贡献者，获国家科委、国家计委和国家经委的突出贡献表彰奖。

曾任中国核能动力学会副理事长。主要论著有《反应堆热工水力研究设计和实验》。

领导组织了新一代先进潜艇核动力的研究设计。

赵仁恺同志一生热爱核科学事业，是推动我国核

电发展的先行者。为实现我国的核能和平应用，在核工程设计领域他敢于创新、勇于创新，为秦山二期 60 万千瓦核电厂立项和先期技术研究组织开展了大量工作，为我国的核电事业的发展发挥了重要作用。

赵仁恺曾经担任国家 863 计划能源技术领域第二届专家委员会首席科学家。

发表的主要论文：

1. 赵仁恺，冯运昌. 发展新的核电技术拓展核能应用领域[J]. 科学中国人，1996(2):15-17.

2. 赵仁恺. 863 高技术研究发展计划中的能源技术领域 10 年[C]. 中国技术论坛，1996(2):20.

3. 赵仁恺. 我国核电发展现状与展望[J]. 大自然探索，1997(4).

4. 赵仁恺. 我国核电发展现状与展望[J]. 科学中国人，1998(6).

5. 赵仁恺. 我国核电发展现状和展望[J]. 中国电力，1999(12):6-11.

6. 赵仁恺. 迎接挑战　共创美好新世纪[J]. 中国核工业，1999(6):15-16.

7. 赵仁恺. 中国核电的可持续发展[J]. 中国核工业，2000(3):11-13.

8. 赵仁恺. 中国核电的可持续发展[J]. 中国工程科学，2000(10):33-41.

9. 赵仁恺，张伟星. 中国核能技术的回顾与展望

[J]. 国土资源，2002(9):4-9.

10. 赵仁恺. 发展核电对减排 $CO_2$ 的贡献[J]. 核科学与工程，2003(1):1-8.

11. 赵仁恺. 中国核电发展的现状及展望[J]. 国土资源，2004(3):4-9.

12. 赵仁恺. 从核电科技的发展历程看当前我国核电发展的技术路径[N]. 科学导报，2007(5):1.

13. 赵仁恺，阮可强，石定寰. 八六三计划能源技术领域研究工作进展(1986—2000)[M]. 北京：原子能出版社，2001.

# 后　记

为一位已经离开我们七年的科学家立传，并不容易，但很有意义。

他是一位神秘的科学家，有着坎坷、传奇的经历，却都被从事的保密工作裹挟得无人知晓。当我们尝试着去打开历史的窗，去回望他来时的路，有些无所适从。由于工作保密的原因，当我们联系他曾工作过的单位时，得到的资料寥寥无几，有的甚至没怎么听说过这个人。

当我们几经曲折，联系到几位曾经与他一起工作过的同事时，我们带着十足的好奇去探望、拜访一位位年逾耄耋的老人，听他们讲述这位慈祥、平实的大科学家，我们听到的都是感动、感激和感谢。这些人中，不乏学术水平登峰造极的院士，不乏著书立说的作家，也不乏长期和他共事的普通人。如果没有这本

书，他的故事将无人知晓，他的贡献似乎也只有业内的才去膜拜，他的精神只有少数人能够看到，要传承下去似乎很难。

他出身在知识分子家庭，成长在抗日战争的国难岁月，成才于新中国成立初期的知名化工企业。当他成长为一名行业专家和进步青年时，毛主席建设核工业的号召让他从此隐姓埋名，连续书写了多项历史记录，见证了我国核能发展史上的多项第一。他学富五车却礼贤下士，他经历磨难却举重若轻，他居功至伟却默默耕耘，他屡获殊荣却谦和恭让。他是当代中国具有家国情怀的知识分子的楷模，他的一生正是“事业高于一切，责任重于一切，严细融入一切，进取成就一切”的核工业精神的充分诠释。

我们逐渐认识他，慢慢理解他，从他身上汲取着感动、力量和信仰。今天的核工业，承载着新的寄托，希望赵仁恺的事迹和精神感染、激励更多的核工业人在自己的岗位上拼搏、奋进，创造出无愧于时代、无愧于历史的新的成绩，传承好老一辈科技工作者的梦想和坚持，实现我们自己的中核梦，为实现中国梦贡献我们的力量。

# 致 谢

在本书的创作过程中，得到了赵仁恺家人的大力支持，他们不仅多次参与书稿的创作讨论，审核稿件，而且提供了本书大部分的图片资料。

中国核动力研究设计院为本书的创作提供了大力支持，提供资料并负责稿件的内容审核和保密审查。

周永茂院士多次接受本书作者采访，提供资料并核实了相关事项，并为本书审稿。阮可强院士生前多次接受作者采访，提供了重要信息。张金麟院士为本书的创作提供了帮助。

耿庆云女士、张雅丽女士接受采访并审阅了书稿的相关内容。

杨连新先生多次为本书审稿并提供了部分资料和图片。

杨朝勇先生、刘聚奎先生、孙荣绵先生接受了作

者的采访，提供了信息，核实了重要事项。

中国海军博物馆、中国人民解放军 92330 部队、核工业档案馆的领导和人员为本书的创作提供了指导和帮助。

此外，中国石化南京化学工业有限公司等多个单位也为本书的创作提供了帮助和支持，难以一一提及，在此一并表示感谢。